CAPTAIN KIM

김재철 평전

CAPTAIN KIM

김재철 평전

공병호 지음

HU:iNE

企業人의 롤모델

金在哲의 삶과 經營哲學

東遠그룹 成長史 - 孔柄淏 著

'Captain Kim에 대한 한국외국어대학교의 사랑과 존경의 마음을 담아 드립니다'

축약본을 내면서

"열정은 쫓아서 하는 대상이 아니라 열심히 하다 보면 저절로 따라옵니다. 어떤 길을 선택할 것인가에 많은 시간을 들이기보다 일단 시작한 일에 최선을 다하다 보면 길이 열립니다." 김재철이 20대에 현장에서 터득한 교훈이다. 특히 그는 "리더는 부하보다 더 알아야 하고, 더 일 해야 하며, 더 희생해야 한다"고 강조한다.

김재철의 남다른 삶은 젊은이들에게는 희망과 용기를, 각계 지도자들에게는 겸손과 지혜를 일깨워 주었다. 만일 누군가가 우리 청소년들에게 삶의 귀감이 될 단 한 권의 책을 추천하라면 나는 주저없이 이 책을 추천할 것이다. 더불어 이 글은 경영학도나 창업을 꿈꾸는 사람들에 게는 살아 있는 교과서가 되리라 확신한다. 다시 한번 김재철 회장님께 경의를 표한다.

이 문고본은 일곡문화재단이 추구하는 "밝은 미래 가꾸기 캠페인"의 일환으로 『김재철 평전』을 축약하여 만들었다. 재단의 뜻에 동참하여 주신 저자께 사의를 표하며 축약인쇄에 협조하여 주신 21세기북스와 화산문화 대표께도 감사의 뜻을 전한다.

축약판 원본

『김재철 평전』(공병호 저, 21세기북스 간행, 813쪽)

2016년 12월 15일

일곡문화재단 이사장 최재선

Prologue

캡틴 김, 파고(波高)를 헤쳐 온 삶

산더미 같은 파도가 배를 삼킬 듯이 덮치며 엄청난 양의 물이 갑판 위를 넘실거린다. 사나운 파도에 가려 브리지의 선장과 조타수는 한 치 앞을 내다보기가 힘들고, 온 바다는 지옥의 아수라장처럼 소용돌이친다.

배는 파고에 아슬아슬하게 올라섰다가 곧바로 10미터 가 넘는 파도의 골짜기로 곤두박질친다. 배가 파도 바닥에 닿는 순간, 쾅 하는 소리와 함께 배가 쪼개지는 듯한 충격으로 선실 안의 집기들이 이리저리 굴러 떨어진다. 이때 선장의 머리에는 어떤 생각이 떠오를까? 젊은 날 원양어선의 선장으로 이름을 날렸던 김재철은 담담하게 말한다.

"내가 다시 살아 돌아간다면, 내 인생은 덤으로 사는 것인 만큼 깨끗하고 당당하게 살아가리라 다짐하게 됩니다. 사람이 한계 상황을 겪고 나면 완전히 다른 사람이 되지요."

어느 시대나 그 시대를 치열하게 살아낸 사람에게는 도전과 성취 그리고 좌절의 순간들이 있게 마련이다. 한국 현대사에도 한 세대 앞선 사람들이 겪었던 아주 특별한 시기가 있었다.

1960년 초만 해도 한국의 농촌은 봄마다 식량이 바닥나 보릿고개라는 춘궁기를 겪으며 체념주의가 지배하고 있었다. 그러나 가난이 삶 깊숙이 뿌리내리고 있던 그 시절에 한국인들에게는 가난을 벗어나기 위한 체계적인 노력을 할 수 있는 행운이 주어진다. 즉 1961년을 기점으로 '산업화'라는 대장정에 들어서게 된 것이다. '우리도 한번 잘살아보세'를 외치면서 나라 전체가 몸부림치던 시절이었다. 그 시절을 살았던 사람들의 삶에는 몇 권의 책으로도 못다 할 눈물과 감동의 이야기들이 있다.

생과 사를 수없이 넘어본 사람의 삶

이 책은 가난한 농촌에서 11남매의 맏이로 태어나 숙명처럼 주어졌던 가난에 맞서 몸부림쳤던 한 사람에 대한 기록이다.

김재철은 동원그룹과 한국투자금융지주의 창업자로 그의 청년기는 1950년대 중반에서 1960년대에 맞물려 있다. 이 시기는 한국이란 나라가 6·25전쟁의 폐허를 딛고 일어서는 시기였다.

이 세상에는 훌륭한 기업가들의 이야기도 많지만 김재철의 평전은 특별한 가치가 있다. 대부분의 사업가들은 육지를 기반으로 이루어지지만 망망대해에서의 원양어업이라면 이야기가 달라진다.

무엇보다 사선(死線)을 수없이 넘어본 사람이 인생을 바라보는 시각은 남다를 수밖에 없다.

김재철은 20대 초반부터 남태평양과 인도양에서 선장으로 활동하면서 '캡틴 김 (Captain Kim)'으로 명성을 날렸던 인물이다. 그를 빼놓고는 한국 원양어업사를 이야기할 수가 없다. 그의 인생 이야기는 과거의 일만이 아니다. 그것은 현재의 일이기도 하고, 미래의 일이기도 하다.

이 책은 한 개인의 성장사일뿐 아니라 어려운 시기를 헤쳐 나오면서 반듯한 나라를 만들기 위해 헌신했던 앞 세대들의 기록이자 평가이기도 하다. 또한, 이 시대 사람들도 더 나은 나라를 만들기 위해 새로운 각오를 갖기를 소망한다.

2016년 2월

저자 공병호

목차

제4부 김재철의 경영원칙과 방법들

제5부 사익을 넘어 공익을

제6부 김재철의 경제사적·경영사적 의의

제1부

인생의 자취

story 1

운명적 만남

고향, 강진의 추억

김재철(金在哲)은 1934년 3월 30일 전남 강진군 군동면 내동마을에서 태어났다. 내동마을은 정약용의 다산초당에서 북동쪽으로 10여 킬로 떨어진 곳이다. 바다와의 첫 만남에 대해 김재철은 한 에피소드를 들려준다.

"초등학교 3학년 때일 겁니다. 한번은 고향집에서 20리 가 넘는 바닷가에서 큰 거북이가 잡혔다는 얘기를 듣고 어찌나 보고 싶던지 하굣길에 달려갔지요. 정말 큰 거북이었어요. 구경하느라 날이 저문 줄도 몰랐지요. 결국 그 날 집에 못 가고 어느 집 돌담 아래서 뜬눈으로 밤을 새웠습니다. 다음 날

집에 돌아와 부모님께 혼쭐난 기억은 지금도 잊혀지지 않습니다."

이런 인연으로 만난 바다가 훗날 김재철의 인생에서 큰 무대가 될지 누가 알았겠는가? 어린 시절부터 호기심이 많고 궁금한 것을 못 참는 소년이었음을 짐작케 한다. 그는 어린 시절부터 고기 잡는 즐거움을 누리며 자랐는데, 그런 기회를 준 것은 동네 앞 탐진강이었다.

그는 물고기를 보고 잡는 즐거움, 자맥질하는 즐거움을 만끽하며 어린 시절을 보냈다. 1947년 군동초등학교를 졸업하고, 강진중학교를 거쳐 1954년 강진농업고등학교를 졸업했다. 강진농고는 집에서 5킬로 떨어져 있어 매일 10킬로 이상을 걸어야 했다. 걷기는 고된 일이었지만 평생 튼튼한 체력을 유지하는 바탕이 되었다. 걸을 때 이런저런 생각을 하고, 자연과 깊은 대화를 나누기도 했다.

또 그는 중·고교 6년 동안 한 번도 결석한 적이 없었다. 새벽 일찍 일어나 농사일과 집안일을 거든 뒤, 등교하는 경우가 많았다. 당시 농고 교육의 절반은 실습이었다.

김재철은 농고 시절 난생 처음으로 사업을 시도했다. 탐진강 변의 천여 평 밭에 수박을 심었는데, 수확량이 많아 주위 사람들이 야단법석을 떤 일이 바로 그것이다.

"그때 어떻게 수박 농사를 잘 지을 수 있으셨습니까?" 물었더니, "일단 학교에서 배운 것을 토대로 더 잘할 수 있는 방법을 찾아 열심히 한 것이지요. 학교 수업을 마치면 밭으로 가 별을 볼 때까지 일했습니다."

아버지가 남긴 긍정의 유산

"대부분의 성인들은 "어렸을 때 갖게 된 잣대로 세상을 바라보게 된다"고 말한다. 김재철의 삶에서도 변하지 않는 일관된 '그 무엇'을 여럿 확인할 수 있다. 이 가운데 많은 것을 부친에게서 영향을 받았다.

그의 아버지 김경묵(金敬默, 1914~1991)은 부지런하였으나 살림은 빠듯한 편이었다. 슬하에 7남 4녀를 두었는데 김재철이 장남이었다.

김경묵은 당시 어른들이 대부분 그렇듯 정규 교육을 제대로 받지 못하고 서당에서 배운 것이 전부였다. 하지만 스스로 공부하며 신문과 책을 손에서 놓지 않았다. 마을에서 크고 작은 일에 문장이나 지식이 필요하면 그를 찾을 정도로 소문난 지식인이었다.

김재철은 회상했다. "아버지는 무학자였지만 의지가 대단했어요. 젊은 날 일절 술과 담배를 입에 대지 않겠다고 결심하고는 그것을 평생 지켰으니까요."

아버지가 늘 강조한 것은 자립심과 자조정신이었다. "어느 누구에게도 의지해서는 안 된다"는 점과 "사람은 분수를 지키면서 살아야 한다"는 점을 자식들에게 반복해서 들려주었다. 부친은 돌아가시기 전에 김재철을 조용히 부르고는 현금 500만 원을 내놓으며 "내가 가고 나면 이 돈으로 큰 소 한 마리를 잡아 동네 사람들을 잘 대접하라"고 말했다. 큰아들에게 조차 신세를 지지 않겠다는 것을 말해준다.

김재철은 생의 중요한 원칙들인 자립과 자조 정신을 고스란히 아버지에게 물려받았다. 또한, 현실에 적응할 수 있는 지식과 능력도 고스란히 전해지게 되는데, 그의 인생에 큰 힘이 되었다.

"너희들은 다 괜찮을 거다. 너희 아버지가 덕(德)을 많이 쌓았으니까." 어린 시절 김재철이 동네 어른들에게서 자주 들은 덕담이다. 또 김경묵이 자식들의 뇌리 속에 깊이 각인시킨 말은 "아무리 귀한 것이라도 목구멍으로 들어가면 그만이지만, 남에게 주면 덕이 된다"는 한마디였다.

"그 어른은 늘 자전거를 타고 다녔어요. 젊은이들이나 아이들이 인사하면 꼭 자전거에서 내려 인사를 받곤 했지요."

사람을 귀하게 대하라는 삶의 원칙은 훗날 김재철의 인생에서 인재 육성이라는 기업정신으로 꽃을 피우게 된다.

"그렇게 많은 사람들이 거리로 나와 아버지를 추념할 줄 누가 생각했겠습니까?" 서울에서 세상을 떠난 김경묵을 실은 장의차가 고향에 들어섰을 때, 수백 미터에 이르는 무명천을 잡은 노인들과 청장년들 그리고 부녀자들이 강진군 읍내를 돌며 그분의 죽음을 애도했다.

평범한 촌로(村老)로 살다 갔음에도 수많은 사람들이 그분을 보내는 길에 함께 했다. 지금도 그 장면이 눈에 선하다고 김재철은 말한다. 부친이 떠나고 23년이 지난 2014년에는 고향 사람들이 금남(錦男) 김경묵(金敬默) 선생 공적비를 세우고 그의 삶을 기록으로 남겼다.

그리운 어머니

어머니의 삶도 아들에게 깊은 영향을 미친다. 아버지가 아버지답도록 도운 사람은 어머니였다. 김재철의 어머니는 남편을 무척 공경했다. 아들집이나 딸집을 찾아 묵을 때면 한 번도 남편 옷 위에 자기 옷을 놓아두는 법이 없었다. 그만큼 남편을 위했던것이다.

어머니는 사람이 어떻게 살아야 하는가를 행동으로 가르쳤다. 그의 삶은 오직 책임감과 인내심이란 두 단어로 집약된다.

김재철의 생가는 초등학교에서 1킬로쯤 떨어져 있었다. 운동회가 열리는 날은 온 마을의 잔칫날로 부모라면 모두 참석했다. 그러나 어머니는 가볼 여유가 없어 한 번도 운동회에 참석하지 못했다. 다른 아이들은 어머니가 와서 이것저것 맛있는 음식을 함께 먹으며 즐거운 시간을 보냈다.

세월이 흐른 뒤 김재철 형제들이 부모가 되었을 때, 어머니가 얼마나 많은 일을 했으면 일 년에 한 번뿐인 운동회에도 오시지 못했을까를 헤아리게 된다.

당시 농촌 여성들은 가족의 의복을 만들고, 식사를 준비하며, 공이와 절구로 쌀을 찧고, 무거운 짐을 시장까지 이고 나르며, 물을 긷고, 밭일을 했다. 그분들은 일찍 일어나 자정이 넘어서야 쉬었으며, 틈날 때마다 실을 뽑고 베를 짠다. 또 대개 많은 아이를 갖는데 아이들은 세 살까지 젖을 떼지 못하므로 그녀들은 며느리가 들어와 고된 일의 일부를 물려줄 때까지 막일꾼에 지나지 않았다.

다음은 어머니의 99세 생신날 김재철이 쓴 '어머님께 드리는 글'이다.

어머님!

이 세상에서 가장 장하신 우리 어머님! 어머님의 땀과 희생으로 가꾸어 주신 자손들이 어머님의 백수를 축하하기 위해 이렇게 모였습니다.

어머님은 참으로 장한 일을 이루셨습니다. 찢어지게 가난한 집안에 시집오셔서 선영들을 모시고, 오직 가족과 자식들을 위해 모든 것 다 바쳐 희생하신 어머님의 일생은 참으로 거룩한 것이었습니다. 많은 아들딸을 기르시면서 낮이면 밭에 나가 일하시고, 밤늦도록 푸성귀를 다듬어 새벽이면 십리 밖 시장에 가서 팔아 자식들 학비에 보태며 살림을 이어가셨지요, 열한 명이나 되는 자식들이 초등학교에 다니는 동안 운동회 한 번 구경하실 틈 없이 허구한 날 일로 지새던 어머님!

그럴 때면 철없는 우리들은 어머님을 원망했더랍니다. 어머님은 또 먹을거리를 잘 감추시는 명수였습니다. 학교에서 돌아와 배가 출출해진 아이들이 먹을 것을 찾아 부엌과 곳간을 샅샅이 뒤져도 찾지 못할 만큼 어머님은 잘도 감추셨습니다.

가난한 시절 술지게미를 먹고 술 취했던 재운이나, 어머님과 떨어지지 않으려 하면 어딘가에 감추어 두었던 홍시를 갖고 오셔서 달래던 재국이도 손자를 둔 할아버지가 되었습니다.

부엌일을 거들다 자주 학교를 지각했던 재순이도 이제 환갑을 지냈고, 어머님이 늘 애잔하게 여기시던 큰아들 재철이도 이제 희수를 지났으니 참으로 오랜 세월이 지났습니다.

잠시도 쉬지 않고 일하시던 어머님의 젊은 날의 모습! 지금도 눈에 선하기만 합니다.

넉넉한 것이라고는 아무것도 없던 처지에서도 자식들 모두 궁색한 티 없이 잘 자라고 화목하게 지낼 수 있는 것은 아버님과 어머님의 정성어린 양육과, 정직과 근면, 자립을 강조하였던 덕분이라 믿어지기에 부모님에 대한 존경스러운 마음은 나이 들수록 더해만 갑니다.

어머님! 어머님은 진정 훌륭하셨습니다. 그런 어머님의 사랑 덕택으로 우리 자식들 모두 잘 자랐고, 손자와 증손자들이 수십 명이 되어 모두 씩씩하게 자라고 있습니다. 이제 자손들에 대한 걱정일랑 그만하시고 만수무강하시기를 자손들이 두 손 모아 비는 바입니다.

어머님! 오래 건강하십시오.

2012년 2월 길일 (吉日)

재철 올림

시간이 천천히 흐르던 시절

김재철은 청년기부터 새해가 되면 새 일지 맨 앞장에 하나의 문장을 적었다. "인생의 짐은 무거울수록 좋다. 그것으로 인해 사람이 성장할 수 있으니까." 도쿠가와 이에야스 (德川家康)가 남긴 문장이다.

그는 늘 "자신뿐 아니라 집안을 일으켜 세워야 한다"는 책임감을 마음 깊이 받아들였다.

김재철의 장남 김남구는 대학을 다닐 때까지만 해도 아버지 사업을 이어받아야겠다는 생각을 하지 않았다고 한다. "사람이 어떻게 저렇게 많은 일을 하면서 살 수 있는가? 아버지는 너무 힘들게 사신다. 내가 굳이 저렇게 살아야 할 게 뭔가?"

김남구가 그런 생각을 버리고 막중한 책임을 떠안게 된 계기가 있다. 대학 졸업을 앞두고 북양 트롤선을 탔을 때였다. 그때 아버지의 책임감이 무엇인지를 가슴 밑바닥까지 느끼게 되었다고 한다. 장남과 차남이 사업에 뛰어들기 전에 김재철은 한 가지 약속을 받아낸다. 리더는 책임을 지는 사람이고 희생하는 사람이어야 한다는 점이다.

6년간 중고교 시절을 김재철과 함께했던 정병선은 논·두

렁길을 따라 학교에 오가는 2시간 동안 다른 친구들이 잡담하며 놀 때 김재철은 영어 단어를 외웠다고 한다. 그 자세가 지금도 계속된다니 참으로 인상적이라 했다.

여러 차례 인터뷰를 하면서 필자는 한 인간이 삶을 이처럼 진하게 살 수 있을까를 생각하며 감정이 복받친 적도 한두 번이 아니었다.

스승과의 만남

고향을 떠나기 전까지만 해도 김재철의 세계는 강진 땅이 전부였다. 그는 자신과 가족을 잘살게 하는 일에 늘 고심했다. 가난한 농촌을 보면서 우리나라가 잘사는 길은 농촌이 잘사는 길이라 확신했다. 성적이 좋았던 김재철은 이미 장학금을 받고 서울대 농대에 입학하기로 결정되어 있었다. 그런데 믿을 수 없는 일이 일어나게 된다.

그것은 운명이었다

그때 김재철이 만난 사람은 3학년 담임 선생님이던 최석진(전 전남대 공대 교수, 1928~2004)이었다. 그는 영암군 사람으로 1949년 서울대 문리과대학에 입학한 후 2학년 때인 1951

년부터 5년 동안 강진농고 교사로 재직했다. 이 만남은 김재철에게는 크나큰 축복이었다.

젊은 선생은 학생들을 올바른 길로 인도해야 한다는 사명감에 불탔다. 그는 소년단을 창단하고 동호소년단가를 작사·작곡하기도 했다. 가사를 보면 김재철이 진로를 고민하던 시기에 그를 담임으로 만난 사실은 행운이었다는 생각이 든다.

1. 동쪽에 솟아 있는 월출산의 기상을
   받아서 자라나는 동호 소년들
   미래를 약속하는 고고의 소리
   희망을 찾아가며 전진을 하자

2. 서쪽에 출렁 파도 가슴을 스쳐가며
   참답게 자라나는 동호 소년들
   양양한 전도가 굳게 맺히는
   그날을 바라보며 돌진을 하자

가사를 보면 25세의 선생이 제자들에게 기상과 꿈을 어떻게 불어넣었는지를 짐작할 수 있다. 흥미로운 점은 김재철이 1970년에 손수 작사한 '동원가족의 노래'에 최석진 선생이 불어넣었던 기상과 꿈이 고스란히 담겨 있음을 알 수 있다.

1. 동원의 힘찬 깃발 높이 날리며
오대양 육대주에 힘차게 뻗어
찬란한 내일 향해 나래를 펴니
즐거운 일터마다 보람도 크다
(후렴)
믿음의 뿌리 위에 뭉쳐진 우리
우람한 가지 펼쳐 세계를 품자
그 이름 영원하리라 동원가족

2. 성실한 기업 활동 동원의 사명
세계를 무대 삼아 힘차게 뛰며
열성과 도전으로 새날을 여니
새로운 일터마다 영광이 있다
(후렴)

김재철이 졸업을 앞둔 무렵 학생들이 진로 문제로 고민하고 있던 어느 날, 선생님은 제자들에게 귀감이 될 만한 이야기를 들려준다.

"너희들에게 일류 대학 가라고는 말하지 않겠다. 나도 서울대를 다니고 있지만, 너희들과 이렇게 입씨름만 하고 있다. 더 넓게 더 멀리 보고 인생을 설계할 수 있어야 한다. 내가 너희들이라면 바다로 가는 길을 택하겠다. 삼면 이 바다인 우리나라가 세계 1등 국가가 되고 못 되고는 젊은이들이 얼마나 바다 개척에 뛰어드는가에 달려 있다."

이 이야기는 60여 명이 함께 들었다. 그러나 마음속에 뿌려진 선생님의 조언이란 씨앗이 발아하기 시작한 학생은 김재철이 유일했다.

"선생님, 바다로 가려면 어떤 대학을 가야 합니까?"

"나도 자세한 건 모르지만 부산에 학교가 있을 것이다." 라고 했다. 큰 기회는 우연히 오지만, 이를 잡는 것은 순간이다. 김재철은 즉시 움직였고, 그 기회를 인생 역전 드라마의 시발점으로 만들었다.

당시 부산에는 바다와 관련된 교육기관이 두 곳 있었다. 국립부산수산대학(현 부경대학교)과 한국해양대학이다. 김재철은 수산대학에 서둘러 원서를 넣었다. 아버지는"내가 쌀은 보내줄 수 있지만, 그곳에 바다가 있으니 반찬은 네가 고기를 잡아 해먹어라"는 말로 불편한 심기를 드러냈다.

1970년대까지만 해도 '뱃놈'이란 말을 흔하게 썼다. 우수한 학생인 김재철의 갑작스러운 진로 선회를 두고 학교에서도 말이 많았다.

"남이 가지 않은 길을 가보는 것도 좋다"라고 격려하기보다 "뱃놈학교 간다하더라"며 실망과 비아냥거림이 섞인 반응이었다.

그의 인생은 수산대 입학을 결정한 순간부터 새로운 국면에 접어든다. 평생의 은인이던 선생님과의 교분은 이후에도 계속되는데, 선생은 1994년 전남대에서 정년퇴직 한 후 동원육영재단에서 이사로 활동했다.

김재철은 최석진 선생님이 오늘의 자신을 있게 했다고 여러 번 감사함을 표했다.

story 2

청운의 꿈을 바다에 펼치다

고향을 떠나다

1954년 2월 추운 겨울날, 김재철은 정든 집을 떠난다. 처음으로 고향을 떠나 본격적인 홀로서기가 시작된 것이다.

그는 연안여객선 3등 칸에 웅크리고 앉은 채 쉽게 잠을 이루지 못했다. 앞으로 펼쳐질 새로운 삶에 대한 기대감과 불안감이 교차했다. 그렇게 그는 운명의 주사위를 던지게 된다. 그가 떠난 몇 해 뒤에야 고향 마을에 전기가 들어왔던 점을 생각하면, 여객선에서 바라본 부산항의 불빛은 막 스무살이 된 젊은이에게 놀라움을 주기에 충분했다.

여기서 1950년대의 부산 상황을 살펴보자.

6·25전쟁이 일어난 그해부터 부산은 대한민국의 임시 수도가 되고, 1953년 8월에 그 역할이 끝난다. 김재철이 부산에 도착한 시점은 바로 그로부터 6개월 후였다. 부산은 피난민들로 넘쳐나고 주택이 절대적으로 부족했다. 조그만 공간이라도 있으면 판잣집들이 들어섰다. 그는 두 명의 친구와 영도의 산비탈 꼭대기에 자리 잡은 판잣집에 둥지를 튼다.

당시 부산수산대학은 영도구 남항동에 있었다. 제법 근사한 캠퍼스를 기대했던 입학생들에게 가건물(바라크)의 캠퍼스는 실망감을 안겨주었다. 맨바닥인 가교사는 비가 오면 물바다가 되고, 겨울이면 영도의 거친 갯바람으로 잉크가 얼어붙을 정도로 추웠다. 이런 시기에 젊은 날을 보냈던 수산대 출신들이 한국의 원양어업사에 큰 역할을 해냈다.

생활비는 집에서 보내주는 돈으로는 부족했다. 그렇다고 집에 더 손을 벌릴 처지도 아니었다.

"수산대에 갈 때만 해도 신문 배달이나 가정교사 정도는 할 수 있을 거라 생각했어요. 수산업 관련 기관이 많으니 신문을 받아보려는 데도 많겠지 예상했는데, 막상 도착해 보니 그런 기관들은 모두 멀리 떨어져 있더군요. 배달이 불가능했어요. 또 전라도 촌놈을 누가 가정교사로 써주겠어요. 무엇을 해야 할지 고민 참 많이 했습니다."

하지만 온갖 허드렛일도 마다하지 않았다. 그렇게 일과 공부를 병행하며 학교를 다녔다. 대학 2학년이 되었을 때, 동생 재운이가 강진에서 중학교를 마치고 부산으로 왔다.

스물두 살 형과 열여덟 살 동생은 산꼭대기 판자촌에 서 친구 두 명과 함께 자취를 했다. 김재철은 동생을 불러 묻는다. "네가 돈을 벌면서 학교를 다닌다고 했는데, 이제 어떻게 할 계획이니?" 동생은 "아무 데라도 좋으니 취직 자리를 좀 알아봐 달라"고 했다.

김재운은 그때를 회상하며 "형님의 주선으로 적기에 있는 병기 보급창에서 일당 175환을 받고 노무자로 일할 수 있게 되었다"고 말한다. 김재철은 동생이 밤에 자주 일을 나가야 했기에 일터 근처로 이사를 한다. 동생이 일하던 감만동과 영도는 바다를 두고 서로 맞은편에 있어, 김재철은 적기에서 통선을 타고 부산시청까지 가서 영도다리를 지나 학교를 오가야 했다.

김재철은 대학을 다니는 중에도 부지런히 살길을 찾았 다. 그런 고민을 하던 중에 특별한 기회를 잡는다.

해방 후 해외 동포들이 물밀듯이 부산으로 들어오자 정부는 주거난을 해결하기 위해 여러 정책을 내놓게 된다. 집이 없는 사람들에게 작은 택지를 공급하고 주택을 스스로 지어

가질 수 있도록 했다. 그러나 일부 사람들이 택지에 집을 짓지 않고 시장에 내놓기 시작했다. 여기서 기회를 포착한 김재철은 학비를 아껴 딱지 두 장을 구입하게 된다. 처음에는 닭을 기르면 되겠다는 생각에 구입했으나 계획을 바꾸어 학교를 다니는 틈틈이 건축 자재를 구해 집을 지었다. 절박했고 절실했기에 가능한 일이었다.

"돈은 거의 들지 않았어요. 산중턱에 있는 택지를 평평하게 고르기 위해 동생과 함께 곡괭이에 불꽃이 튀도록 흙을 팠고 경사진 땅이라 무척 힘들었습니다. 집을 짓는 동안 풀빵으로 끼니를 해결했습니다. 지금 생각하면 어처구니없는 일이었지만 젊으니까 가능했습니다. 집을 완공한 뒤 1년 6개월간 살고 원양어선을 타게 되었습니다."

고생 끝에 완공한 집은 다른 집들에 비해 반듯했다. 동네 꼬마들이 대문 앞에 '부잣집'이라고 적어두기도 했다. 지금도 동원산업의 소유로 남아 있는 그 집은 김재철이 이룬 첫 번째 성취였다.

인생의 방향을 잡다

"나라 전체가 가난할 때라 대부분의 대학생들에게 지금

같은 여유나 낭만은 찾아볼 수 없었습니다."

가난한 학생들은 공부와 일을 병행해야 했기에 대학 시절의 추억은 별로 없다. 하지만 김재철의 인생에는 '최초'라는 수식어를 붙일 만한 일들이 많았는데, 그 중 하나가 수산대 시절에 일어났다.

1957년 7월, 문교부(현 교육과학부)는 수산대 4학년생들 이 학교 실습선을 타고 대만 인근 해역에서 실습을 하도록 최초로 승인했다. 어로학과 48명의 동기생들이 승선했다. 이들을 위한 환송 행사가 성대하게 열릴 정도였다. 당시 그들이 탄 배는 103톤급 목선인 수산대 실습선 홍양 호로, 실습은 19일간 계속될 예정이었다. 그때 그들이 타고 간 배는 '이승만 라인(평화선)'을 위반해 한국 정부에 의해 나포된 일본 국적의 어선이었다.

당시 보통 사람에게는 외국 한번 나가기가 꿈속의 이야기이고, 더구나 학생들이 해외 실습을 나간다는 것은 상상하기도 힘든 시대였다. 그때는 국민 1인당 소득이 50달러 정도여서 미화 100달러를 바꾸는 데도 대통령의 결재를 받아야 했다.

실습 중 기억나는 일로, 길이 9척에 무게가 50파운드쯤 되는 대형 청새치를 잡아서 이를 이승만 대통령에게 선물로 보낸 적이 있다. 대한뉴스에서 '청새치를 경무대로'라는 제목의 뉴스를 방영하는데, 대통령 내외가 청새치를 놀라운 눈으로 지켜보고 있는 모습이 담겨 있다.

때마침 인도양에서 참치잡이 시범 조업을 마친 지남호가 귀향 중에 대만 기륭 항에 잠시 들르면서 수산대 실습선과 만난다. 김재철과 참치와의 인연은 이때부터 시작된다. 이후 남태평양으로 가는 지남 1호 실습항해사로 자원 한 때가 1958년 1월의 일이다.

김재철은 대학을 다니면서 어로 자원이 고갈된 연근해 어업의 전망을 어둡게 보고, 수산대에 진학한 것을 후회하기도 했다. 또 1957년 수산대 졸업을 한 해 앞둔 시점에 모교 강진 농고 교장 선생님이 여수 수산고등학교 교장으로 전보되면서 그를 교사로 초청한다. 그때 그가 안전한 길을 따랐다면 지금 이 책의 주인공이 될 수 없었을 것이다.

김재철이 대학을 갓 졸업한 1958년, 한국도 원양어업시대가 열렸다. 시범조업에서 성과를 거둔 제동산업의 심상준 사장은 본격적으로 참치를 잡기 위해 지남호를 사모아로 파견한다. 그는 신문에서 사모아로 가는 지남호 관련 기사를 읽고 승선하기로 마음을 굳혔다고 한다.

이때 선원 구성을 책임진 윤정구 선장은 인도양에 출어 해본 경험이 있는 사람을 우선 뽑고, 모자라는 선원은 연승조업을 해본 경험자를 뽑기로 했다.

여기에 아무 경험이 없는 24세 청년이 낄 자리는 없었다. 그는 무엇에 이끌렸는지 "이 기회가 자신의 인생을 바꿀 수 있을 것이다"라는 확신을 갖고 무모하리만치 전부를 건다.

김재철의 진로 선택은 우연보다는 의지가 더 큰 역할을 했다. 그는 놀라운 결정을 내린다. 무급으로 실습항해사를 자원한 것이다. 수산대를 졸업한 사람으로서 간부가 아닌 일반 선원으로 원양어선 생활을 시작한 사람은 그가 최초일 것이다.

지남호와의 인연

1958년 1월, 윤 선장이 이끄는 지남호는 18명의 선원을 태우고 사모아를 향해 출항했다. 이 선박에 간신히 동승하게 된 김재철은 '수산대 출신 원양어선 선원 1호'를 기록한다. 선령이 12년이나 된 이 배에는 '대한민국 방송기자 1호'인 <한국일보> 문제안 기자도 동승한다. 처음으로 송고한 기사에는 열악한 조건에도 원양어업을 개척하기 위해 노력하는 지남호 선원들의 이야기를 다음과 같이 전한다.

태평양의 거센 파도를 헤치고 남으로 5,000마일이나 달려가 7, 8개월간을 수평선만 바라보며 참치잡이를 할 지남호. 조국의 경제 재건을 위한 외화 획득이라는 대의 명분이 있고 한국 원양어업사의 첫 페이지를 기록한다는 역사적인 의의가 있다. 특히 어선을 처음 타는 기자로서는 어느 것 하나 신기하지 않은 것이 없고, 가슴을 울리지 않는 것이 없다. 그리고 사사건건 느끼는 우리의 후진성과 이 후진성을 극복하려는 필사적인 노력은 눈물 없이 볼 수 없는 애절한 민족투쟁사이기도 하다.

"새벽에 시모노세키(下關)에 입항할 때, 기타큐슈(北九州) 공업지대의 수십 개 공장 굴뚝에서 뿜어져 나오는 검은 연기를 볼 수 있었는데 너무 부러웠습니다."

굴뚝다운 굴뚝을 보지 못한 24세 청년 김재철의 눈에 비친 한·일 간의 격차는 지금도 그의 뇌리에 남아 있다. 이곳에서 보충할 어구를 싣고 참치잡이에 필요한 미끼를 장만했다. 그런데 엔진에 이상이 생겨 일주일이나 더 정박했다.

그때 김재철은 용돈으로 5달러를 받게 되는데, 그 돈으로 헌책방에서 어류도감 등 "무게 단위로 파는 중고책을 꽤 많이 살 수 있었다"고 한다. 그는 해방이 되던 해에 초등학교 3학년이었기에 일본어를 조금 배우다 말았다. 하지만 훗날 그는 일본어를 능숙하게 구사하게 되는데, 이는 사업 성장에 큰 도움을 주게 된다.

1월 30일, 시모노세키를 출발한 지남호가 최종 목적지인 사모아에 도착한다. 부산을 떠난 지 꼭 한 달 만이었다. 그동안 선원들이 화투, 장기, 마작 등을 하면서 시간을 보낸 반면, 김재철은 일본어를 공부하고 어류도감을 보며 참치를 비롯한 물고기를 연구했다.

사모아에 도착한 후 현지인 6명을 충원한 지남호가 어장을 향해 출발한 날은 2월 26일이고, 첫 투망이 이루어진 날은 2월 28일이다. 당시 사모아에는 일본 어선이 53척이나 있었다. 윤 선장은 "실패하면 나는 물론, 회사도 망하고 나라도 큰 망신이라는 생각뿐이었다"고 회고한다.

김재철은 무엇이든 배운다 생각하고 열심히 온갖 일을 다 했다. 어로작업뿐 아니라 화장실 청소와 갑판 청소, 잔심부름 등 시키는 일은 물론 그렇지 않은 일도 스스로 찾아서 했다. 그는 밑바닥에서부터 모든 일을 익혔기에 선장이 되고 사장이 되었을 때 현장을 속속들이 아는 사람이 될 수 있었다.

선원들 사이에 이런 우스갯 소리가 있다. 배가 육지에 매달려 있을 때는 선주의 배이지만 일단 바다로 나가면 선장의 배가 된다. 그만큼 선장의 힘이 막강하다는 뜻이다. 현장을 제대로 알지 못하는 선주라면 선장에게 휘둘릴 가능성이 많다. 원양어업에 뛰어들었던 수많은 선주들 대부분이 무대의 뒤편으로 사라졌는데, 주요 원인으로 현장에 대한 이해가 부족했다는 점을 들 수 있다.

지남호는 12개월간 사모아 근해에서 여섯 차례 출어해 450톤의 참치를 잡아 밴 캠프 사에 납품하면서 9만 달러를 벌어들인다. 당시 기준으로는 상당한 외화 획득에 성공한 것이다. 김재철은 12개월간의 무급 실습항해사라는 직책을 수행하고, 1959년 2월 무사히 귀국한다.

지남호의 성공적인 조업으로 자신감을 얻은 제동산업은 1959년 5월에 지남 2호와 3호를 사모아 어장에 추가 투입하게 된다.

이때 김재철은 월급 200달러를 받고 일등항해사 자격으로 지남호에 다시 승선한다. 두 선박이 부산항으로 돌아온 시점은 1960년 7월과 1961년 4월이다. 각각 9만 달러와 15만 달러의 어획고를 올림으로써 큰 성공을 거둔다. 그는 귀국 이후에도 계속해서 지남호와 인연을 이어 가며 꿈을 키워갔다.

돈으로 살 수 없는 젊은 날의 경험

"열정은 좇아서 하는 대상이 아닙니다. 열심히 일하다 보면 열정은 저절로 따라옵니다. 어떤 길을 선택하는가에 많은 시간을 들이기보다 일단 시작한 일에 최선을 다하다 보면 길이 열립니다." 이는 김재철이 무급 실습항해사 경험에서 얻은 교훈이다.

"당시에는 참치잡이가 돈이 된다고 해서 너도나도 뛰어 들던 시절이었습니다. 그러나 현장에 가 본 사람은 없었어요. 학부를 나와 배를 탄 사람은 내가 처음이었으니까요. 현장에서 2년간 참치를 잡았는데, 이게 큰 자산이 되었습니다."

시모노세키에서 시작된 어류도감 공부와 참치잡이 연구는 그의 인생의 다른 영역에서도 계속 이어진다.

사모아에서 꿈을 이룬 선장

김재철이 무급으로 일했던 지남 1호는 1949년 미국의 원조자금 32만 달러로 도입되었다. 이승만 대통령은 "남쪽 바다로 뱃머리를 돌려 그쪽에서 부(富)를 건져 올려라"는 뜻으로 선명을 지남호(指南號)라 명명했다.

반면 지남 2호와 3호는 미국의 원조자금 15만 달러를 들여 참치잡이를 위해 일본 조선소에서 건조한 80톤급 어선이었다. 당시 참치선을 움직일 수 있는 선장은 수가 절대 부족했다. 이것이 김재철에게는 큰 기회였다.

지남 2호의 선장이 되다

김재철이 선장으로 뽑히는 데는 2년 6개월간 그가 보인 성실성이 주효했다. 무엇보다 참치 어선을 직접 경험해 본 사람이었기 때문이다. 하지만 선장이 되기에는 너무 젊었으나 선주는 그를 선택하지 않을 수 없었다. 그는 약관 26세에 지남 2호 선장으로 발탁된다.

1961년 1월, 김재철 선장은 23명이 승선한 지남 2호를 타고 3주 후 사모아에 도착한다. 그리고 1962년 5월 고국으로 돌아오는데, 그는 유감없이 실력을 발휘한다.

훗날 '캡틴 김' 또는 'J. C. Kim' 이란 닉네임으로 불릴 만큼 뛰어난 선장으로서의 역량을 사모아 어장에서 구축하게 된다. 그가 놀라운 어획고를 올릴 수 있었던 것은 다음과 같은 요인 때문이다.

① 다수가 따르는 고정관념에 얽매이지 않고 자신만의 판단으로 어장을 선택한 지혜와 용기였다. 당시 일본 어선들은 사모아 서북쪽 어장에 몰려 있었다. 그는 사모아를 떠나기 전부터 곧 성어기로 들어설 동쪽 어장, 즉 서경 160도의 쿡 제도 인근 지역을 선택한다. 물론 치밀한 사전조사 끝에 내린 결정이었다.

② 자신만의 독창적인 어로기법과 경험적 지식에 기초했다. "드넓은 바닷속의 고기 떼를 육안으로 확인할 수는 없습니다. 바다갈매기 같은 바닷새가 떼지어 날며 무리지은 멸치나 전갱이들을 잡아먹고 있으면, 그것은 먹이 취향이 같은 참치류가 회유하고 있다는 뜻입니다."

③ 상황에 따라 적절한 조치를 취하고, 마지막까지 긴장의 끈을 풀지 않는다. 원칙을 유지하면서 유연성을 발휘하는 것을 강조한다.

④ 안전사고를 미연에 방지하고 강온양면책으로 선원들을 최선을 다하도록 유도했다. 김재철은 성품이 온화하지만 때로는 추상같은 꾸지람과 엄격한 규칙 적용으로 강한 지도력을 발휘했다. 이런 리더십의 기본은 항해사 시절부터 사람을 깊이 관찰하는 습관에서 비롯되었다.

⑤ 새롭게 습득한 어로법은 반복 교육을 통해 선원들에게

전달되었다.

그가 엄청난 어획고를 올리고 돌아온 다음 날 <동아일보>에는 '제2지남호 귀항, 참치 13만 달러어치 …… 풍어기를 날리며'란 기사가 실렸다.

지난 1961년 1월 7일, 부산을 떠났던 이 배의 선장 김재철의 말에 의하면, 2월 1일 사모아에 도착한 후 13개월 동안 그 섬을 중심으로 3,000마일 반경의 광대한 어장에서 아홉 번 출어하여 미화 14만 달러 상당인 550톤의 참치를 잡아 현지 식품회사에 팔고 현지를 떠났다고 한다. 지남 2호는 선원 21명이 소비한 식량과 어구 대금 2만 달러를 제외한 나머지 12만 달러를 서울로 송금했다. 앞으로도 출어만 한다면 많은 외화를 획득할 수 있다고 자신만만하게 말하고 있었다.

김재철이라는 이름을 세상에 알린 최초의 신문기사이다. 또 김재철이 쓴 선상일기로도 당시 상황과 선장의 역할과 고민 등을 상세히 엿볼 수 있다.

이는 "우리 국민의 관심을 바다로 돌리기 위해 글로나마 알려야 한다"고 생각했기 때문이다. 20대 청년의 생각과 행동으로는 얼마나 대견한 일인가! 글을 기고하거나 인터뷰에 적극 응한 일, 차트를 만들어 발표하는 일 등은 모두 잘사는 나라를 만들기 위한 노력이었다.

이 같은 성향은 훗날 마쓰시다 고노스케(松下幸之助)에 깊은 관심을 갖게 된다. 한때는 '마쓰시다 정경숙(松下政經塾)'을 한국에도 설립이 가능한지 검토하기도 했다. 지금도 그는 나라에 보탬이 될 수 있는 프로젝트들을 꿈꾸며 실천 방안을 모색하고 있다.

'일신우일신(日新又日新)'의 삶

김재철은 1961년 1월 7일자 일기에 다음과 같이 기록하고 있다.

> 불안정했던 수개월간의 고국생활에서 다시 넘실거리는 바다로 배를 띄우니 마음이 한결 가뿐해졌다. 오륙도를 지나 항해 상태의 이상 유무를 확인한 다음 자리에 드니 심한 피로와 출항 전 갖가지 이별의 정이 아련히 떠오른다. 출항준비로 며칠 동안 밤잠을 설쳤던 일, 환송 나온 사람들의 눈물 젖은 얼굴들, 말없이 손을 흔들면서 가족들과 작별하던 선원들. (…)

한편 김재철이 처음 선장을 맡았던 지남 2호는 그가 다른 회사로 옮긴 후 사모아 어장에서 조업하던 중 침몰해 선장을 비롯 21명이 목숨을 잃었다. 당시 조난 근처에서 동화 1호 선장으로 조업 중이던 김재철은 6척의 선박들과 구조작업을 벌였지만 생존자를 찾을 수 없었다.

이처럼 원양어장을 개척하는 동안 많은 사람들이 생명을 잃었고, 특히 개척 초기에 희생이 많았다. 이는 노후된 어선을 도입해 조업할 수밖에 없었던 당시의 실정 때문이었다.

1958년부터 10여 년 동안 사모아 어장에서 희생된 사람만 90여 명에 이른다. 이처럼 김재철은 사선(死線)을 넘어 오늘까지 왔다. 이들의 영혼을 기리기 위해 1971년 수산대 교내에 세워진 백경탑(白鯨塔)의 글귀는 풍요로운 시대를 살아가는 요즘 사람들에게 앞 세대들이 어떻게 나라를 일구어냈는가를 기억하게 한다.

장한 넋들
교정을 메아리 치는
종소리를 듣고 있는가
대서양에서 인도양에서
북양에서 남태평양에서
온 누리의 바다에서
파도와 싸우다 꽃으로 진

수대 남아의 영웅들이여
그대들의 고귀한 뜻
대대 후배의 가슴에 심겨진 채
오늘도 우리는 여기
한 기둥 탑신이 되어
바다를 지켜보고 섰노니
길이 편안하여라
우리는 바다의 아들
그대들 용감한 뱃사나이는
영원히 우리들과 함께 있으리라

김재철은 1961년 1월 25일자 일기에 이렇게 적고 있다.

선원들은 갑판 위에 차양막을 쳐놓고 바둑, 장기에 열중이다. 나는 출항 이래 독서에 취미를 붙여 일본에서 구입한 책들을 읽는 데 시간을 보냈다.

그는 필자에게 이런 이야기를 들려주었다.

"나보고 어떻게 연설문을 직접 쓸 수 있느냐는 이야기를 자주 하는데, 내가 이번에 옛날 기록들을 정리하면서 마르크스, 엥겔스, 루소 등 두꺼운 책들을 그때 대부분 읽었음을 확인할 수 있었어요. 이런 독서 경험이 글을 평생 쓸 수 있게 해준 힘이 되었던 것 같습니다. 사업을 체계화하거나 체계적으로 사고하는 일뿐 아니라 좀 더 멀리 내다볼 수 있도록 도와주었던 것 같습니다."

첫 출항과 만선의 기쁨

젊은 선장이었지만 김재철은 리더는 어떤 사람이어야 하는가를 엿볼 수 있는 선상 일기다.

1월 28일

처음 항해에 나선 선원들은 12월 12일 황사도를 본 후 2주일이 넘도록 섬 하나 보이지 않자 불안한 모습이다. 두 번째 출어에 나선 선원들도 '지난번에는 며칠 만에 섬을 보았는데, 이번에는 왜 안 보이냐'고 물었다. 나는 이 선원들이 콜럼버스의 선원들이었다면 어땠을까 하고 상상해 보았다. (…)

3월 7일

첫 투승을 시작한 후 1주일째 철야작업을 계속했다. 투승 4시간, 양승 15시간, 하루 20시간에 가까운 작업이다. 선원들은 수면 부족으로 제대로 눈을 뜨고 있는 사람이 없다. 심지어 세

찬 빗줄기를 맞으며 주낙을 손에 든 채 졸기도 한다. 무리한 강행군인 줄은 알지만 이런 상황에서 연약하게 생각해서는 도저히 일을 할 수가 없다. 조업이 부진한 날에는 선원들도 쉽게 낙담한다. 이런 날은 선장도 힘이 든다. 이를 추스르고 부하들 앞에서 희망과 신념을 가진 사람처럼 보이도록 하는 것이 선장의 지혜이자 기백일 것이다.

3월 10일

고온다습한 공기가 더욱 피로를 가중시킨다. 설상가상으로 오늘은 낚시에 걸린 고기를 샤치(고래의 일종)가 다 뜯어 먹어 어획이 전무한 상태다. 고된 일과 중에서도 고기를 잡아 올리는 것을 낙으로 삼고 근근이 사기를 이어가는데, 오늘은 맥이 빠진 선원들의 모습이 가련하기 짝이 없다. 첫 항해하는 선장에게는 너무 가혹한 시련의 연속이다. (…)

고난을 이겨내는 효과적인 방법

고비가 왔을 때 이겨낼 수 있어야 한다. 궂은 날이 있으면 좋은 날이 있다. 젊은 날 김재철이 선상일기로 자신의 삶을 기록한 것은 그런 효과에 주목했기 때문일 것이다. 선원들이 낙담한 지 5일이 지난 3월 15일에 어황이 크게 반전된다.

작열하는 태양이 오랜만에 얼굴을 내밀었다. 바다가 잔잔해짐에 따라 투승도 순조로워 자정쯤 작업이 끝났다. 오늘은 4톤을 잡아 대어의 기분을 만끽하며 선원들의 얼굴에 도 웃음꽃이 피었다.

'어두움이 지나면 반드시 햇살이 비친다'는 진리를 그는 바다에서 배웠다. 사람은 자신의 사익을 위해 열심히 뛰지만 더 높은 대의(大義)를 위할 때 더욱 헌신하고 몰입 할 수 있다. 당시 사모아 주변에는 한국어선 3척에 일본어선 50여 척이 조업하고 있었다. 젊은이들의 가슴에는 일본만은 꼭 이겨야 한다는 집념이 있었다. 경쟁에서 이겨야겠다는 김재철의 다부진 근성은 3월 25일자 일기에 잘 나타나 있다.

"만선을 이룬 날이다. 같이 출어한 일본 어선들은 아직 조 업을 계속하고 있다. 오늘의 만선으로 나도 선배들의 뒤를 이을 수 있다는 안도감과 함께 일본 어선을 능가했다는 승리감에 쾌재를 불렀다. 이번 항해에서 전반기는 불순한 일기와 빈번한 기관 고장, 속출하는 환자 등으로 시련을 겪었다. 그러나 모든 상황이 호전되며 오늘의 기쁨을 가져다 주었다. 밤 11시경, 앞으로 기울어진 배를 사모아로 몰았다."

낭만과 꿈이 담긴 일기

선장으로 첫 출항을 마치고 3월 26일 사모아로 귀항 중인 김재철은 감격에 겨워 이런 내용을 더하기도 한다.

"만선한 배는 갑판이 수면 아래로 낮아져 갑판 위로 물이 이리 밀리고 저리 밀린다. 오늘은 바람도 거의 없어, 잔잔한 바다 위에 그려지는 항적은 가을 하늘의 비행운처럼 아득히 남는다."

27세의 청년은 이처럼 세상을 아름답게 표현하는 능력도 있었다. 당시 김재철의 활동상을 <동아일보>는 '남태평양 보고, 사모아 어장의 이모저모'라는 제목으로 사모아가 어떤 곳이고, 얼마만큼 중요하며, 우리 어선 3척이 일본 어선들과 맞서 어떻게 선전하고 있는지를 다루었다.

한편 김재철은 29세가 되던 1963년, 동화 1호 선장으로 다시 사모아에 출항한다. 당시 사모아 해역에는 일본 어선 70여 척과 한국 어선 30여 척이 조업하고 있었다.

그가 계속해서 최고의 어획고를 올리자 참치를 납품받던 스타키스트 사는 조업을 마친 김재철이 귀국길에 오를 때,

성대한 환송연을 열어주었다.

그러자 "우리도 수십 년간 열심히 일하고 좋은 고기를 납품해 왔지만, 한 번도 환송연을 열어주지 않았다. 그런데 저 친구가 뭐길래 환송연을 열어주는가"라며 일본 선원들 사이에 불만의 소리가 터져 나왔다.

그러나 스타키스트는 감사할 만한 충분한 이유가 있었다. 스타키스트에 고기를 처음 납품한 선장이 김재철이고 높은 어획고로 원료 공급에 차질을 빚지 않도록 해준 사람도 그였기 때문이다.

1960년대 초반의 한국 원양업계

1960년대까지도 한국 경제는 미국의 원조에 의존하고 있었다. 1962년 제1차 경제개발5개년 계획이 실시되며, 한 푼의 달러라도 더 벌어들이려는 정부의 노력으로 1964년에 수출 1억 달러를 달성했다. 이어 1965년에 1억 8천만 달러를 넘어서는데, 총 수출액에서 수산물 수출이 16%를 차지하고, 이 가운데 원양어업의 수출 비중이 8.5%를 차지한다.

공업 기반이 없는 상황에서 출범한 혁명정부는 외화 획득과 식량 확보 차원에서 원양어업에 주목했음을 알 수 있다.

따라서 수산물 수출에서 원양어업이 차지하는 비중은 1966년부터 급격히 늘어난다. 1966년 19%에서 향 후 30여 년간 30~40%대를 유지한다.

당시 원양어업이라는 새로운 시장을 개척하는데 산파역을 담당한 기업인은 제동산업의 심상준이다. 그는 상식을 뛰어넘는 발상과 넓은 해외 인맥 덕에 우리나라의 원양어업이 일어서는 데 크게 기여했다.

이후 원양어업이 돈이 된다는 사실이 알려지면서 너도 나도 이 사업에 뛰어드는 업체들이 늘어난다. 1964년도 자료를 보면 사모아에 제동산업 5척, 화양실업 2척, 한남 실업 1척, 동화 2척 등 모두 10척과 인도양과 대서양에 진출한 어선도 10척이었다. 그 후 원양어선은 1965년에 65척, 1967년에 152척까지 늘어나고, 1977년에는 무려 850척에 이른다.

원양어업이 고속 성장하면서 선장에 대한 수요가 급증 했다. 김재철은 자신의 시대가 열리고 있는 때에 만반의 준비를 갖추고 우뚝 서 있었다. 그러나 황금 사업으로 인식하고 뛰어들었던 사업가 중에 살아남는 자는 극소수였다.

1962년 5월, 김재철은 지남 2호 선장으로서 만선을 이루고 귀국한 후 경쟁사인 (주)동화로 자리를 옮긴다. 당시 원양어선의 선장과 선원은 1년 계약으로 출어하고, 수입 가운데

비용을 제한 금액을 선원과 선주가 40%와 60% 로 나누었다. 그가 지남호를 떠나게 된 데는 약속한 성과 배분이 원활하게 이루어지지 않았던 것 같다.

그럼에도 김재철은 "심상준 사장은 '원양업계의 대부' 로서 한국 원양어업을 개척하는 데 큰 역할을 하신 분" 이라는 점을 분명히 했다.

아무튼 김재철은 제동산업을 떠나, 동화 1호 선장으로 활동하기 시작한다. 12개월간은 선장으로, 나머지는 육상에서 20개월을 근무한다. 동화 1호 선장 겸 선단장으로 사모아에 출어했을 때도 괄목할 만한 어획고를 올려 '캡틴 김'의 이름을 더 높였다.

그때 원양어업 경영자들은 김재철을 스카우트하기 위해 갖은 노력을 한다. 이후 고전을 면치 못하던 고려수산에서도 10개월간 근무하며 사업의 기틀을 잡아준다.

고려수산은 당시 10척의 원양어선을 남태평양에 진출 시키고, 해양대 출신의 선장들도 보내놓은 상태였다. 이때 수산부장으로 스카우트된 김재철은 어윤일 회장에게 조언을 아끼지 않는다.

"해양대 출신은 상선 전문입니다. 어선 전문과 상선 전문은 근본적으로 다릅니다. 이런 선원 구성으로 조업하면 할수록 손해가 커질 것입니다. 빨리 바꿔야 합니다"고 조언하며, 척당 수지계산표를 작성해서 보고했다.

그러자 회장의 얼굴에는 순식간에 먹구름이 드리워졌다. 참치잡이가 돈이 된다는 친구의 말을 듣고 뛰어들었던 어 회장으로서는 당황하지 않을 수 없었다. 김재철은 이처럼 타인의 말이나 풍문에 따라 경영자들이 범한 실수를 통해서도 많은 것을 배웠다.

훗날 그가 의사결정을 내리는 데 다양한 경로로 확인하고, 소수자의 의견도 경청하려 노력했던 것은 경영자들의 실패 경험에서 많은 것을 배웠기 때문이다.

아내는 언제나 든든한 우군

김재철이 지남 2호 선장으로 출항해 귀국한 시점이 1962년 5월이고, 그가 동화 1호 선장으로 부산항을 떠난 것이 1963년 1월 초이다. 그 사이에 그는 결혼해 가정을 이룬다.

그에게 "사모님은 어떤 분이였습니까?"라고 묻자, "유교적 집안의 현모양처로서 말수가 적었지만 내 뜻을 잘 받아주었지요"라고 말했다.

아내가 자식들에게 늘 남편을 세워주는 것으로 존경심을

표현했다면, 남편은 세상의 험한 파고로부터 아내를 지켜주려는 모습으로 애정을 나타냈다. 김재철은 바깥에서 어려운 일이 있어도 "당신은 몰라도 돼요"라는 말로 아내의 걱정을 덜어주려 했다. 좋은 일은 적극적으로 알렸지만 나쁜 일은 되도록 혼자 감내하려 했다.

김재철의 어머니가 아버지를 잘 모신 것처럼 아내도 시어머니의 성품을 닮았다. 아내는 "당신은 귀한 사람이다. 정말 대단하다"라며 남편을 격려하며 뜻을 먼저 헤아렸다. 또 "아버지 같은 사람이 많으면 이 나라가 달라질 텐데"라는 말로 자식들이 아버지를 존경하도록 했다. 부부 사이에 신뢰가 굳건했음을 알 수 있다.

story 3

바다가 준 선물

인도양 어장을 개척한 선단장

1960년대 원양어업에서 선장은 요즘의 프로 선수처럼 성과로 자신을 증명해야 했다. 선주가 막대한 투자와 리스크를 감내하면서 내보낸 배의 성과는 선장의 능력에 달려 있다. 그래서 유능한 선장을 데려오기 위한 선주들의 노력은 전쟁만큼 치열했다. 그 일에 사업의 승패가 달려 있었기 때문이다.

1963년 설립된 고려원양은 230톤급 참치어선을 건조하고 1966년에는 10척을 확보하여 7척은 남태평양에, 3척은 인도양에 배치한다. 오랫동안 출판업을 해온 사업가로서 원양어업을 속속들이 알 수 없었던 이학수 사장은 자신을 대신할

장수를 찾는 일에 심혈을 기울인다. 그 인물로 김재철을 낙점하고 그를 설득하기 시작한다.

마침내 1965년 김재철은 30세의 나이로 고려원양 수산 부장으로 일하게 된다.

인도양 개척의 선두에 서다

1965년 고려원양은 새로 건조한 광명 9호, 10호, 11호를 인도양으로 진출시키며 김재철을 선장 겸 선단장으로 파견하게 된다.

당시 김재철의 재출어를 보고 사람들은 고개를 갸웃했다. 왜 편안한 육지 근무를 마다하고 목숨을 바쳐야 할지도 모를 바다로 다시 나가느냐는 것이었다. 하지만 그의 생각은 달랐다. 그것이야말로 야망을 실현하는 길이라 믿었던 것이다.

인도양 선상일기

1966년 4월 2일, 부산항을 떠난 광명호는 5월 5일에 인도양에 들어선다. 그때도 김재철은 어김없이 선상일기를 남겼다. 인도양에 진입한 5월 8일자부터 만선으로 아프리카의

더반 항을 밟는 7월 7일까지 도전과 성취의 순간들의 기록이 국정교과서에 실리기도 했다.

그가 쓴 일기에는 3척의 배를 이끄는 선단장 겸 광명 11호의 선장인 청년 김재철의 내면세계와 바다 상황 그리고 어황을 확인할 수 있는 내용들이 자세히 실려 있다.

5월 8일

바다의 아침은 정열에 타오른다. 동녘 수평선이 곱게 물드는가 싶더니, 붉고 장엄한 태양이 불쑥 솟아올랐다. 잔잔한 해면에는 고기 떼가 난무하고, 크고 작은 갈매기가 물을 차고 날며 바다의 아침을 맞았다. 망망한 바다, 눈부시게 타 오르는 햇살, 수면을 나는 날치 떼들! 자연의 조화가 진정 놀랍기만 하다.
(…)

5월 12일

페낭을 떠나 7일째 되는 날, 실론 남쪽 300마일 해역에서 첫 조업을 했다. 새 어구의 시험과 다랑어 어군의 생태를 파악하기 위한 시범 조업이다. 첫 조업인 만큼 선원들의 얼굴에는 긴장감이 돌고 나도 새벽에 풍어와 안전을 빌었다.

새벽 4시, 조용한 해면이 중천에 걸린 달빛을 받아 반짝 거리니 새삼 신비감을 자아낸다. '투승 준비' 지시를 내리자 수백촉의 작업등들이 켜지고 휘황한 불빛 아래 선원들은 각기 작업 부서에 배치되었다. '투승 시작'의 신호를 내리니 선원들은 냉동꽁치를 꿴 낚시를 바다에 던졌다. 달리는 배에 맞춰 주낙 어구가 드리워지기 시작했다.

쾌주하는 배에 놀란 갈매기들이 떼지어 불빛을 따랐다. 필경 고기 떼를 따르는 갈매기인 듯, 풍어를 바라는 선원들의 마음은 한결 더 부풀어 올랐다. 4시간에 걸쳐 2천여 개의 낚시를 단 주낙 어구를 35마일에 걸쳐 부설해 두었다. 투승이 끝난 뒤 4시간을 기다리다 태양이 이글이글 타는 정오부터 주낙을 감아 올리기 시작했다.

양승기가 회전하면서 낚시가 하나 둘 올라왔다. 기대와 실망이 교차되더니, 드디어 "고기다!" 하는 환성이 올랐다.

억세게 버티던 참치가 기진해 뱃전까지 끌려오자, 어부들이 날쌔게 갈고리로 끌어올렸다. 길이는 1미터 50센티, 무게는 50킬로가 넘는 큼직한 놈인데 노란 지느러미를 가졌다 해서 옐로우핀 (Yellow Fin) 이라 이름 붙인 다랑어다. (…)

5월 26일

성광어(돌고래의 일종)의 행패가 하도 심해 중부어장에서의 조업을 단념하고, 수온이 낮은 인도양 서남부어장을 향해 다시 항해를 시작했다. (…)

아무리 좋은 어장이라도 성광어 떼가 출현하는 날에는 당장 황폐해지고 만다.

6월 6일

아프리카 대륙 남단 남위 31도, 동경 35도에 이르러 조업을 다시 시작했다. 중부어장과는 달리, 이곳은 심한 황파 어장이라 파도는 울부짖고, 수온은 22도 가량으로 기상 상태가 좋은 날이 별로 없다. 하지만 겨울철인 이 무렵에는 대서양에서 남부 인도양으로 회유해 오는 알바코(날개다랑어)어장이 형성되므로, 많은 외국 선박들과 함께 우리도 이곳에서 조업을 시작했다.

낯선 어장이라 걱정이 되었으나 다행히 해류는 빠르지 않았다. 예상대로 옐로우핀이 연신 올라오니, 선내에는 다시 환호성이 울려 퍼졌다. (…)

온종일 선원들의 아우성과 파도의 울부짖음이 해적선처럼 요란하더니, 옐로우핀이 2백여 마리이고 다른 종류도 수십 마리나 잡혀 하루 어획이 3톤 반이나 되었다. 마지막 날에는 250여 킬로나 되는 새치가 잡혔다. 날이 저물면서 바람이 더욱 거세어져 산더미 같은 파도가 배를 흔들건만, 모두들 오늘의 어획에 도취되어 환담으로 꽃을 피운다. (…)

밤이 깊어 작업이 끝나고 다시 내일의 투승을 위해 다랑어 떼를 찾아 항해했다.

7월 6일

드디어 만선을 했다. 어렵게 잡은 다랑어를 돌고래나 상어 떼가 빼앗아간 적도 많지만, 낚아 올린 고기가 7천여 마리다. 인도양에서의 첫 만선이기에 더욱 흐뭇했다. 교신 중이던 각 선박으로부터 만선 축하 전보가 잇달아 오고 가까이에서 조업하고 있던 광명 9호와 10호도 곧 만선이라는 보고다.

항해는 입항하는 재미로 한다면, 고기잡이는 만선하는 재미로 한다고 한다. 어구를 거두어 넣고 항구로 향해 달린다. 선원들은 뱃전에서 자축연을 열었다. "바다로 가자, 바다로 가자, 물결 굼실거리는 바다로 가자 (…)." 검붉게 탄 선원들이 소리 높여 합창하니 분위기는 최고조에 달하며 피곤이 일시에 사라지는것 같다. 전리품을 싣고 돌아가는 개선장군의 기쁨인들 만선의 기쁨만 하랴. 40회 조업에 120톤, 이만하면 첫 항해로는 성공이다. 이로써 우리나라 원양어업 역사상 또 하나의 이정표가 인도양에서 세워졌다.

7월 7일

날이 밝자 아프리카 대륙이 시야에 들어왔다. 흙냄새도 함께 밀려오는 것 같다. 되돌아보면 인도양의 물결은 여전히 높고,

이른 아침 항구의 등댓불이 아직 반짝거린다. 우리는 남아프리카 공화국 더반 항에 도착했다. (…)

인도양 어장을 개척하다

김재철이 뛰어난 선장으로 이름을 얻은 곳은 사모아이지만 인도양에서도 김재철 선단은 뛰어난 성과를 거둔다. 첫 항차에서 230톤의 배가 120톤의 어획물을 싣고 귀항하는 광경을 지켜본 사람들은 벌어진 입을 다물지 못했다. 광명 10호는 120톤을, 그리고 광명 9호도 110톤을 잡고 귀항하게 된다.

당시 일본은 고도성장에 힘입어 고급 어종인 '마구로(참치) 사시미(생선회) 붐'이 뜨겁게 일고 있었다. 인도양에서 잡아들인 참치는 5,000톤급 냉동선에 옮긴 후 10척의 운반선에 나누어 부지런히 일본으로 나르고 있었다.

여기서 남태평양 어장과 인도양 어장의 차이점이 주목 된다. 남태평양에서는 주로 통조림용 알바코(날개다랑어)를 어획하고, 인도양 중부 어장에서는 주로 횟감용 참치인 빅아이(눈다랑어)와 옐로우핀(황다랑어)을 어획한다.

이때 일본 선박들은 김재철의 움직임을 주시하고 그를 따라 조업하기 일쑤였다. 그때마다 그는 "어장이 어디 여기만 있는가?"하면서 새 어장을 개척하곤 했다. 언제나 조기 만선을 이루고 항구로 들어오는 고려원양 배들을 지켜본 일본인들은 놀라움을 금할 수 없었다. 김재철의 뛰어난 성과는 고려원양의 사세에 날개를 달아주게 된다.

김재철은 10항차에 수출 117만 달러를 기록한다. 이 수치는 당시 업계의 평균 성과와 비교하면 그야말로 '대박'이었다. 1967년의 성과도 17항차에 수출 168만 달러를 기록했다. 1966년에 3척으로 출발한 고려원양의 인도양 참치선단은 1969년에 14척으로 늘어나게 된다.

김재철 선단이 거둔 수출액 117만 달러는 얼마나 큰 외화였을까? 1966년 1인당 국민소득 125달러가 2015년에는 31,705달러로 늘어났다. 약 253배 늘어났음을 감안하면, 오늘날 3억 달러에 해당한다. 원양어업이 외화벌이의 최고사업이었음을 확인할 수 있는 대목이다.

그는 1년간의 현장 근무를 마치고 1967년 3월 귀국한다. 빛바랜 신문기사 속에서는 바바리코트 차림으로 김포 공항에 내린 그의 모습을 볼 수 있다. 이때 그의 나이 33세로, 이사로 승진할 당시 7, 8년 선배들이 주로 차장 직함을 달고 있었음을 감안하면 파격적인 승진이었다.

부족함은 배움으로 채운다

"부족한 것이 있다면 배워서 채우면 된다. 이왕 해야 할 일이라면 최선을 다한다. 무슨 일을 하던 내 일 이상으로 열심히 한다."

이는 젊은 날부터 김재철의 의식 깊숙이 자리 잡은 믿음이기도 하고 자신과의 약속이기도 하다. 인도양에서 조업을 시작할 때만 해도 풍부한 경험과 정보를 가진 일본 어선에 비해 김재철의 성과는 나은 편이 아니었다. 그러나 그는 일본 어선을 상대로 어법과 어구를 개선하기 위해 끊임없이 노력했다.

"그분은 일본 배를 철두철미하게 연구했습니다. 일본 배가 놓은 낚싯줄이 거의 80킬로미터였습니다. 그러면 그 쪽 배가 보이지 않는 곳에서 주낙을 살짝 걷어 올려 주낙 사이즈를 측정해 우리와의 차이를 비교했습니다. 또 일본인보다 우리 선원들이 의욕이 더 강했습니다. 그들이 2,000개의 낚시를 건다면 우리는 2,500개의 낚시를 걸었습니다. 당연히 우리가 더 많은 어획고를 올릴 수 있었습니다. 그분은 음파탐지기를 계속 틀어놓고 어군의 움직임 을 체계적으로 파악하고 수온과 플랑크톤을 측정해 종합적인 처방을 마련했습니다. 또 자신이 익힌 어구와 어법 을 집요할 정도로 선원들에게 교육시켰습니다."

그는 바다에 관해서만 배웠던 게 아니다. 어느 날 김재철이 이런 이야기를 했다고 한다.

"수산부장이 되고 보니 여직원들이 수시로 빨간 전표와 파란 전표를 갖고 오는데, 나는 선장 출신이라 숫자에 대해 잘 몰랐다. 그래서 저녁에 부기학원에 가서 공부를 해야겠다."

그는 모르는 것이 있으면 무엇이든 배워 해결하는 사람이었고, 훗날 경영에서 숫자를 중시하는 일은 이렇게 시작되었다.

후진국 국민의 비애

김재철은 선단장으로 남아프리카 더반 항에서 경험한 독특한 일들을 오래 기억하고 있었다.

당시 일본 수산회사인 도쇼쿠(東食)는 마다카스카르의 타마타브 항에다 5,000톤급 대형 냉동선을 정박시켜 놓고 참치 어선들이 입항하면 근처에 닻을 내리고 입항 순서대로 하역했다. 이렇게 확보된 참치 가운데 날개다랑어는 통조림용으로 미국에 수출하고, 참다랑어와 눈다랑어는 일본에 횟감으로 팔고, 황다랑어와 황새치는 주로 이탈리아로 수출했다.

이처럼 일본인들은 아프리카에서 확고한 입지를 굳히고 있었다.

그때는 통신시설이 낙후되어 선단을 이끌고 육지에 기항하면 업무를 주로 호텔에서 봐야 하는데, 남아연방에서는 엄격한 인종차별 정책에도 일본인들은 백인과 같은 대우를 받지만, 다른 유색인들은 흑인과 같은 대우를 받아야 했다. 흑인 호텔은 통신장비들이 없어 백인용 호텔을 들어가려 했지만 허락하지 않았다.

그는 일본인과 같은 대우를 해달라고 끈질기게 설득하고 압력도 넣으며, "당신들이 계속 이렇게 나오면 배를 몰고 나가겠다"고 협박하며 실랑이를 벌였다. 결국 어렵게 백인 전용 호텔에 묵으며 업무를 볼 수 있었다.

"요즘 사람들은 나라가 잘살게 되어 그런 차별을 받지 않아요. 그러나 당시에는 나라가 어려웠기에 외국을 다닐 때면 이런 차별을 숱하게 당하곤 했습니다."

1967년 고려원양은 국내 원양업체들 가운데서 가장 많은 선단을 보유하게 된다. 당시 보유 어선은 모두 230톤 급 이상의 최신 선박으로, 이 가운데 5척은 사모아에, 8척은 인도양에 출어 중이었다. 그해만 새로 진수한 7척이 출어할 어장을 탐색하고 있던 중이었다.

이는 김재철에게는 더 나은 기회가 된다. 어로 현장을 정확히 알고 해외 관련 업무를 원활히 처리할 수 있는 사람이 드물었기 때문이다.

회사가 성장하면서 그는 아프리카 출장을 자주 가게 된다. 특히 어황에 따른 시장 상황을 예측하고 입항 시기를 조절하기 위해서였다. 자연스럽게 일본 수산업계 간부들과 만나는 기회들이 잦았다.

그때는 서울에서 아프리카로 직접 갈 수 있는 항공편이 없었다. 당시 한국은 한국전쟁 정도로만 알려진 아시아 변방의 가난한 나라일 뿐이었다. 입국심사대에서도 어김없이 설움을 당하게 마련이었다.

"그때 느낀 비애감은 오랫동안 지속되었습니다. 어쩌면 내가 사업을 하며 오늘까지 걸어왔던 것도 그런 사건들이 큰 영향을 미치지 않았을까 싶어요. 요즘은 개인주의가 팽배하지만 내 연배의 사람들은 매사에 나라를 생각하는 마음이 앞설 수밖에 없었습니다. 그런 어두운 기억들이 나를 더 분발하게 하고, 더 열심히 사업을 일으켜서 사람을 키우는 일에 관심을 갖도록 만들었습니다."

해외 출장이 그 정도였다면 선원들의 생활은 어떠했겠는가? 그가 기업을 경영하면서 적자를 죄악으로 여기는 일이나, 나라에 도움을 청하지 않은 일, 그리고 사람 키우는 일에 공을 들이는 일 등은 모두 젊은 날의 기억들 때문이다. 나라가 있어야 회사가 있고 내가 있고 가족이 있다는 믿음은 젊은 날 후진국 국민으로서 당한 기억들이 남긴 긍정의 유산이다.

바다가 가르쳐준 인생

오늘날 사모아 교민 사회에서 김재철은 '전설'로 통한다. 이유는 한국 어선으로 처음 미국 스타키스트 사에 참치를 납품하고, 2008년에는 바로 그 스타키스트를 인수했기 때문이다. 그에게는 지금도 그곳은 중요한 사업기지이자 마음의 고향이기도 하다.

그의 생애 내내 끼친 영향을 '인생 경영 8가지 기초'라 는 이름으로 정리해 본다.

1) 어찌할 수 없는 절대자가 존재한다

"나에게 종교는 없습니다만, 바다에서 생활하며 밤하늘에 반짝이는 무수한 별들을 보며 우주의 무한함을 실감하고, 폭풍우 속에서 산더미 같은 파도와 싸우면서 자연의 무서움을 실감했습니다."

넓은 바다는 그에게 세상만물을 주관하는 절대자가 있고 인간은 지극히 미약한 존재에 불과하다는 것을 가르쳐주었다.

2) 명확한 생사관을 갖고 반듯하게 살아야 한다

"산처럼 높은 파도가 눈앞에 덮쳐 오는 순간, 과거의 일들이 머릿속을 스쳐 지나갑니다. 만약 여기서 살아 돌아간다면 부끄럽지 않은 삶을 살겠다고 다짐했습니다. 그래서 나는 뜻한 바를 모두 이루지는 못했을 망정 최선을 다 해 살아왔습니다."

인생을 구차하게 살아서는 안된다는 삶의 기준은 바다가 그에게 준 선물이다.

3) 살아서 활동할 수 있는 것은 축복이다

바다에서는 사람이 죽는 사고가 계속 발생한다. 생사고락을 같이하던 선원들을 눈앞에서 잃는 것은 죽음을 완전히 다른 차원에서 체험하게 한다. 삶은 치열하게 추구해야 하지만 불시에 마감될 수도 있는 것이 인생임을 가르쳐주었다.

'왜 일을 하는가?'라는 물음에 김재철은 이렇게 답한다. "일을 통해서만 자아실현이 가능하고 신이 준 사명을 다할 수 있다. 일이란 결코 기피의 대상이 아니라 이 세상에 태어

날 때 주어진 사명을 다하기 위한 수단이요, 특권이다. 기업에서 어떤 사람을 보면 승진한 뒤에는 일하지 않고 아랫사람만 시킵니다. 그렇다고 자기계발을 하는 것도 아닙니다. 바로 그때부터 발전이 멈추는 겁니다."

4) 세상에 자랑할 것은 별로 없다

끝없이 펼쳐진 대양은 높고 낮음이 없다. 바다가 가르쳐준 것은 '평등'이다. 그가 자신을 내세우지 않고 '낮은 데로 임하소서'라는 글귀를 삶의 한 부분으로 자리매김 한 것도 대양이 가르쳐준 진리이기 때문이리라. 그의 인생에서 돈, 인간관계, 공사 구분 등과 관련해 어떤 불미스러운 일도 없었던 것은 바다가 가르쳐준 삶의 기준이 분명했기 때문이다.

"웬만한 어려움은 어려움 같지도 않고 사람들이 힘들다고 할 때 오히려 도전의식이 솟아나곤 했습니다. 세상에 죽음보다 더 두려운 것이 뭐가 있겠습니까? 생사의 갈림길에 섰던 그때를 기억하며 초심으로 돌아가곤 했습니다." 이렇듯 바다는 그에게 '겸손'을 주었다.

5) 삶 그 자체는 전쟁과 다를 바 없다

김재철은 일찍이 삶은 낭만이 아니라 생존을 건 전쟁이라는 사실을 체득했다. 사업이란 한순간에 망할 수도 있음을 배 위에서 깨달았기 때문이다.

"바다 사나이들은 거칠기는 해도 잔재주를 부리지 않아요. 바다는 이유를 들어주거나 사정을 봐주지 않거든요. 바다에서는 실력이 없으면 죽는 겁니다."

6) 움직이지 않는 자에게는 아무것도 허락되지 않는다

모든 성과는 부지런히 활동하지 않으면 거둘 수 없다. 최고의 어획고를 기록하는 일도 마찬가지이지만 폭풍우 속에서 살아남는 일도 최선을 다해 움직여야 가능하다. 그냥 기다린다고 이룰 수 있는 일은 아무것도 없다.

부지런히 움직이고 과감하게 도전하는 자에게만 생존과 성장의 월계관이 주어진다. 위험을 피해서 잔잔한 바다만을 찾아다니는 소극적인 자에게는 만선의 기회가 허락되지 않는 것처럼.

그의 기업경영 원칙에는 인생경영의 원칙이 투영되어 있다. 기업의 생존법칙은 곧 인생의 생존법칙과 같다고 말한다.

7) 세상에 사소한 일은 없다

대양에 떠 있는 배는 100톤이든 200톤이든 원리는 같다.

철판에 약간의 균열이라도 생기면 배는 위기에 처한다. 김재철이 훗날 기업경영에서 "작은 것도 소중하게"를 행동강령으로 정한 까닭도 그것이 가져올 치명적인 타격 을 알기 때문이다.

"배가 아무리 커도 작은 구멍 하나만 나면 그냥 가버립니다. 또 부품 하나가 고장이 나 엔진이 멈추면 폭풍우 속에서 모두 죽을 수밖에 없습니다. 아무리 작은 것이라도 세심하게 다루지 않으면 안 됩니다."

8) 사람을 움직이는 힘은 솔선과 희생에서 나온다

김재철이 선장으로 처음 남태평양 조업에 나섰던 지남 2호는 80톤급에 길이 35미터 정도였다. 선장을 비롯한 18명의 선원들은 몇 달을 좁은 공간에서 함께 지낸다. 아버지뻘 되는 선원들과 일하는 젊은 선장은 어떻게 해야 사람들을 잘 움직이게 할 수 있는지를 배웠다.

사람을 움직이게 하는 힘은 솔선수범에서 나온다는 사실을 그때 체험했다.

경험과 지식을 체계화하라

김재철은 자신의 기량을 향상시키는데 과학적인 방법을 사용했다. 기업경영에서도 감각보다 숫자를 중시하고, 통념이나 선입견을 거부한다. 자신이 찾아낸 어로법이 효과가 있는지를 현장에서 직접 검증했다. 그는 살면서 지속적으로 고정관념과 싸웠다.

'필드 노트'의 위력

무슨 일을 하든 대충 하면 좋은 결과를 얻을 수 없다.

김재철이 사용한 방법은 과학적 탐구법인 '가설연역법' 에 해당한다. 가설연역법은 주로 네 단계로 구성된다.

① 조사 중인 대상이나 문제를 명확하게 정의한다. 메인 라인에 걸린 브랜치 라인이 모두 참치를 잡는데 효과적인가이다.

② 문제를 해결할 수 있는 가설을 설정한다. 다수의 생각과 달리 메인 라인에 걸린 8개의 브랜치 라인 가운데 양

쪽 끝에 걸린 것은 소용이 없을 수도 있다는 가설을 세운다.

③ 그 가설이 현실에 맞는 경우 어떤 일이 일어날지 예측한다. 양쪽 끝에 위치한 브랜치 라인에 걸린 낚시들이 제구실을 하지 못하기 때문에 그것은 어획고를 올리는 데 아무런 기여를 하지 못한다.

④ 실험하고 관찰한 결과를 자료로 수집해 예측이 맞아 떨어지면 수용하고, 아니면 폐기한다.

김재철은 '필드 노트'를 통해 자신의 가설이 옳다는 사실을 입증했다. 그는 이런 결과를 즉시 현장에 도입해 어로 방법을 한 단계 끌어올리는 데 성공한다.

그는 지적 호기심과 혁신에 대한 열정, 그리고 날카로운 관찰력과 과학적 탐구 방법을 동원해 자신의 어로 기법을 계속 향상시킬 수 있었다. 그것이 오늘의 동원그룹을 있게 해 주었다.

그가 경영진들에게 자주 강조하는 "40세까지 살아온 방법을 가지고 이후 40년을 살려는 사람과 친하게 지내지 말라"는 말에는 혁신에 대한 그의 신념이 녹아 있다.

일등 선장의 특성

그는 선장을 네 부류로 나누는데, 우리 삶에서도 그대로 적용되며 여기에는 진리가 담겨 있다.

① 언제 어디서나 고기를 잘 잡는 선장이다. 이들은 실력을 갖추고 어군을 스스로 찾아낼 수 있는 능력을 가진 사람이다.

② 고기를 잘 잡는 선장과 친한 관계에 있는 선장이다. 이들은 자신이 갖추지 못한 실력을 친구를 통해 어느 정도 상쇄할 수 있다. 인간관계를 잘 구축해온 사람이라면 주변의 능력 있는 사람의 도움을 받을 수 있다.

③ 재능은 뛰어나지 않지만 꾸준히 스스로 어군을 찾으려 노력하는 선장이다. 이들은 성실과 근면, 집중으로 대표되는 세 가지 자세를 갖추면 첫 번째 선장처럼 될 수는 없어도 거기에 가까이 다가설 수는 있다.

④ 소문만 듣고 부지런히 돌아다니는 선장이다. 어선들은 매일 어획고와 위치를 하루 세 번씩 알리게 되어 있다. 그러나 누구든지 고기가 많이 잡힐 때는 웬만해서는 말을 하지 않는다.

제2부

기업가의 길

story 1

평판이 가져다 준 기회

최선을 다한 삶의 과실

김재철은 1968년 직장을 그만두고 창업 준비에 들어간다. 그의 나이 34세 되던 해이다.

원양어업은 자본집약형 사업이다. 업계에서 선장 출신으로는 처음 원양업체를 창업하게 되는데, 기존 업주들에게 긴장감을 불러일으켰다.

일본 수산인들이 주목하다

김재철은 마다가스카르의 타마타브 항구를 통해 외국 상

사들과 어획물을 거래하는 책임자로 활약하며 어획물 판매와 차관 도입, 선박 도입 등의 업무를 한 치 착오도 없이 처리한다.

그때 그의 성실함을 눈여겨보는 사람들이 점점 늘어나고, 특히 일본 사업가들이 그를 주목한다.

하기와라 사장과의 인연

김재철이 사업가의 길로 들어서는 데는 하기와라 노부오(萩原宣夫)라는 사업가의 권유가 있었다. 그는 김재철보다 여덟 살 위이며 일본 수산업체인 다이렌 레이쇼(大遠冷藏)의 사장으로 10척의 운반선을 이용해 횟감용 참치를 일본으로 실어 나르는 사업을 하고 있었다.

하기와라는 김재철이 마치 자기 사업처럼 회사의 이익을 위해 헌신하는 모습을 예사롭지 않게 지켜보았다. 선박에 필요한 어구와 미끼, 각종 식료품을 구입할 때는 부정이 발생할 수도 있다. 그러나 김재철은 청렴하고 정확하게 업무를 처리했다. 또한 그는 김재철이 본사에서도 어떻게 업무를 처리하고 평판이 어떠한지를 익히 알고 있었다. 뛰어난 선장이었을 뿐만 아니라 현장을 정확하게 꿰뚫고 있었기에 사업가로서도 대승하리라 믿어 의심치 않았다.

그때 김재철은 젊은 나이에 사업을 시작하는 것은 위험하다고 판단해 머뭇거렸으나, 그의 권유에 따라 창업을 함으로써 하기와라와의 만남은 그의 인생에 큰 사건이 되었다.

"당신만 없으면 마음껏 당신 회사를 주무를 수 있겠는데, 당신이 버티고 있으니 함부로 할 수가 없다"고 하기와라는 김재철에게 이런 농담을 하기도 했다.

하기와라 사장이 김재철을 어떻게 보았는지 엿볼 수 있는 일화가 있다. 아들에게 사업을 물려줄 계획이던 하기와라는 아들을 1년간 김재철의 집에 묵게 하며 동원산업에서 일을 배우게 한 일이다.

회사 설립 후에도 하기와라는 "당신은 더 커야 할 사람인데, 도쇼쿠나 다이렌 레이쇼는 회사 규모가 너무 작습니다. 우리하고만 거래해서는 안 돼요. 내가 대기업인 미쓰비시 상사를 소개해줄 테니 그쪽과도 거래를 시작하기 바랍니다"라고 했다.

이렇게 해서 일본 최고의 종합상사인 미쓰비시와 오랜 거래관계가 열리게 되었다.

미쓰비시 상사와의 거래

이때 만난 사람들 가운데 또 한 명의 중요한 인물이 마키하라 미노루(槇原稔) 미쓰비시 회장이다. 그가 김재철 회장을 처음 만난 것은 1970년대 중반이다.

미쓰비시 상사 수산부 차장으로 한국 선주 모임에 참가 했을 때 여러 사람들을 만날 기회가 있었다. 그의 상사였던 수산부장은 마키하라에게 "한국 선주들의 얼굴과 이름을 다 기억할 수 없지만, 김재철 사장만은 꼭 기억해두라"고 당부한다. 이렇게 맺어진 인연으로 동원산업이 성장하는 동안 많은 도움을 주고받는다. 외환위기 때도 큰 도움을 받았다.

마키하라 회장은 <일본경제신문>에 기고한 '나의 이력서'에서 당시의 상황을 이렇게 회고한다.

"나는 한국 선주들하고도 친했다. 김재철 회장도 그중 한사람이다. 지적인 그는 선주로서도 경영자로서도 두드러진 수완의 소유자였다. 언젠가 그로부터 하버드 비즈니스 스쿨에 유학하고 싶은데 추천장을 부탁했다. '단기라 해도 13주간입니다. 자리를 비워도 괜찮겠습니까?'라고 묻자, '회사는 권한을 이양할 수 있기 때문에 괜찮다. 영어는 이제부터 공부할 예정이다'라고 했다. 공부에 대한 열정에 감복해 추천장을 써 주었다. 김 회장이 경영하고 있는 동원산업은 그 후에도 순조롭게 성장하여 지금 세계 최대 선망선주다."

하버드 AMP 과정에서 그는 오늘날 한국투자금융지주 회사의 전신이 되는 한신증권을 인수하는 아이디어를 얻게 된다. 김재철의 인생을 통해 거듭 확인하는 부분은 신뢰에 바탕을 둔 인간관계이다.

마키하라 회장과의 인연은 대를 이어간다. 김남구 한국투자금융지주 부회장이 게이오 대학 비즈니스 스쿨을 입학할 때도 마키하라 회장에게 부탁했다. 훗날 그는 게이오 대학의 고바야시 교수로부터 "대단히 우수한 학생을 추천해주셔서 감사합니다"라는 답장을 받게 된다. 마키하라 회장은 "추천장을 써주고 감사의 회신을 받은 것은 그때가 처음이었습니다"라는 글을 남긴 적이 있다.

김재철은 후배들이 사업을 시작하러 찾아오면, "자본주의 사회에서는 신용이 돈이다. 눈에 보이는 돈만 소중히 여기지 말고 보이지 않는 신용을 더욱 소중히 해야 한다. 내가 위기 때 클 수 있었던 것은 나를 믿어준 사람들 때문이며, 그 덕에 이 자리까지 오게 되었다"고 말해준다.

원양 선원과 파독 광부와 간호사들

"지금 여러분들이 겪고 있는 고통은 조국과 우리 후손들에게 보람 있는 일을 남겨주기 위한 고귀한 봉사이고 희생입니다" 1968년 9월, 원양어선 선원들이 도열한 가운데 박정희 대통령이 행한 격려사의 한 대목이다. 남태평양 한복판에서 만난 구릿빛 한국 선원들의 늠름한 모습에 가슴이 막힌 듯 단상의 육 여사는 몇 번이나 손수건으로 눈언저리를 비볐다.

1970년대는 한 푼의 외화가 아쉬운 시절이었다. 온 나라가 외화벌이가 된다면 무엇이든지 하던 때였다. 1958년부터 1979년까지 원양어업 전체 수출액은 20억 달러였다. 이 수치는 당시 파독 광부와 간호사 19,000여 명이 10년간 조국에 송금한 1억 달러의 20배 가까운 외화였다. 그들이 목숨 걸고 벌어들인 외화가 경제성장에 초석이 되었다. 우리는 이 성과가 그냥 이루어지지 않았다는 사실을 잊지 말아야 한다.

한편 어장을 개척하던 중에 많은 사람이 이역만리 바다에서 유명을 달리했다. 죽음을 당한 사람들 가운데 시신이 수습된 사람만 사모아에 93기, 라스팔마스에 118기, 수리남에 93기 등 8개소에 327명이 묻혀 있다. 애통한 죽음이었다.

김재철은 여러 차례 원양어업협회 관계자들에게 해외의 선원묘지를 협회 차원에서 관리해야 한다고 했다. 이에 따라 2002년부터 정부 지원으로 추진된 선원묘지 정비 프로젝트가 완료되면서 해외 선원묘지들이 관리되고 있다.

기회를 잡는다는 것

한국원양어업의 발전사는 두 가지 사건과 밀접하게 연결되어 있다. 하나는 박정희정권의 경제개발5개년계획이고, 다른 하나는 중고선을 용선으로 빌려주고 각종 운영 자금을 지원해 준 일본 종합상사이다. 또 민간차관에 정부가 지불보증을 하거나 조선 장려보조금을 교부해 새 배를 만든 것도 원양어업 발전에 기폭제가 되었다.

결과적으로 1962년 5척에 불과하던 선박 수는 1965년 이탈리아와 프랑스 차관에 의해 총 30척이 도입됨으로써 출어선박 수는 일거에 65척까지 급증하게 된다. 김재철이 출사표를 던진 1969년에는 수산개발공사를 포함해 총 24개 업체에 224척이 조업하고 있었다. 박 대통령의 사모아 방문도 수출 전략산업에 종사하는 사람들을 격려하기 위한 수출산업 육성책의 하나로 이해할 수 있다.

또 일본 종합상사들도 항해여신(航海與信)이라 해서 원양어선 1척당 20만 달러를 지원했다. 그들은 자본이 있고 수요처를 장악했기에 참치 가격을 좌지우지할 수 있었다.

이때 대부분의 원양어업사들은 일본의 특정 종합상사들과 거래를 하게 되는데, 김재철은 미쓰비시, 미쓰이, 이토추와 거래를 하게 된다. 이들과 쌓았던 신용은 사업 발전에 크게 기여하게 된다.

이토추 상사의 전 회장 세지마 류조와의 만남

"작고 사소한 일도 중시하라"는 이야기를 하다가 이토추 상사의 회장이던 세지마 류조(瀨島龍三)와의 만남에 대해 언급한 적이 있다. 그는 우리나라에서도 널리 읽혔던 『불모지대 (不毛地帶)』의 주인공인 인물이다.

그는 1967년 중동전쟁과 중국의 베트남 침공, 그리고 1973년 오일쇼크의 징후를 사전에 읽어냄으로써 회사에 막대한 이익을 안겨주었다. 일찍이 『불모지대』를 읽었던 김재철은 세지마 류조를 직접 만나봐야겠다는 생각을 굳힌다. 이처럼 그는 필요한 사람은 어떻게든 기회를 만들어 배움을 청하는 일이 몸에 배어 있었다.

일본의 한 식당에서 김재철과 세지마 류조는 세상 돌아가는 이야기를 주고받기 시작한다. 주로 김재철이 묻고 세지마 류조가 답하는 모습이었다. 그는 한국을 오가면서 막후 조정했던 이야기, 이병철 회장과의 인연, 그리고 김종필 씨에게 경제성장을 위해 한국판 종합상사를 만들라고 권한 이야기 등을 들려주었다.

이야기를 나누면서 쉬지 않고 질문을 던지는 김재철에게 세지마 류조는 호감을 가졌던 것 같다. 그는 "대화를 나누다 보니까 내가 한국 국회청문회에 나가 심문받는 기분이 듭니다"라며 크게 웃었다. 그날 김재철은 미래를 내다보는 능력을 어떻게 키울 것인지를 그에게 물었다.

그때 세지마 류조는 자신의 경험담과 지혜를 들려준다.

"사람들은 신문을 볼 때 5단이나 3단처럼 큰 기사를 봅니다. 그곳에서는 기회를 볼 수 없습니다. 기회는 국제면의 작은 기사에 들어 있습니다. 꽃에 비유하면 5단 기사는 만발한 꽃인 반면, 1단 기사는 피기 전의 움이지요. 만발한 꽃에는 기회가 없습니다."

여기서 우리는 세 가지 점을 주목하게 된다. 하나는 김재철이 『불모지대』를 읽고 '이분을 한번 직접 만나봐야겠다'고 마음을 굳힌 점이다. 그는 배워야겠다고 생각하면 곧장

실행에 옮긴다.

다른 하나는 누군가를 만나면 성실히 준비한다는 점이다. 이는 자신이 알아야 할 것들을 잘 정리해 단시간에 많은 정보와 지식을 얻는 그만의 특별한 태도다. 마지막으로 상대방에게 주는 호감이다. 무엇인가를 알고자 부지런히 묻는 사람에게 호감을 갖지 않을 사람이 있겠는가? 더욱이 세지마 류조는 김재철보다 23년이나 위였다. 첫 만남에서 그는 김재철에게 마음을 열었던 것 같다.

"제가 방문하고 사무실을 떠날 때마다 세지마 회장은 엘리베이터 앞까지 나와 깍듯이 배웅하던 모습이 아직도 눈에 선하다"고 김재철은 회고한다.

story 2

창업을 향한 첫걸음

창업을 위한 5가지 점검사항

사업이란 냉엄한 승부의 세계라는 것을 잘 알고 있던 김재철은 최종 결정을 내리기 전에 5가지를 점검한다.

1) 내가 갖고 있는 것이 무엇인가?

선장으로서의 현장 경험과 원양어업 전반에 대한 이해 그리고 활용 가능한 인력 풀에 대한 정보를 점검한다.

2) 활용 가능한 자금을 갖고 있는가?

자기 자본은 소유하지 않았지만 신용을 담보로 선박과 경비를 지원해 줄 든든한 우군이 있었다.

3) 어디를 향해 가야 할지를 알고 있는가?

그는 원양어업에서 압도적인 우위를 점하고 있던 일본 업체들을 보며 꿈과 비전을 가질 수 있었다.

4) 자신이 뛰어들려는 분야를 잘 알고 있는가?

그는 원양어업을 잘 알고 있었다. 바로 이 점에서 현장 경험이 없는 다른 선주들에 비해 경쟁력이 월등했다.

5) 미래를 확신할 수 있는가?

그는 수산물의 수요 급증에 주목했다. 일시적인 현상이 아니라 일본의 고도성장이 상당 기간 지속된다는 사실을 의심치 않았다. 또한 산업구조의 변화라는 측면에서 일본 원양어업의 사양화를 대체할 수 있는 나라는 한국이 될 것이라는 점을 확신했다.

일본의 부침은 한국에 큰 교훈과 사업 기회를 제공해 왔다. 예를 들어, 호암 이병철도 일본을 자주 찾았고 일본으로부터 기회를 얻는 데 열심이었다. 한 나라의 산업구조는 발전 단계에 따라 끊임없이 변한다. 이러한 변화에 적응하지 못하는 기업은 낙오하고 만다.

지금도 그는 <일본경제신문>을 탐독한다. 이는 미래를 전망하기 위한 중요한 업무의 하나이다.

창업을 전후한 업계 상황

위의 5가지 핵심 사항에 대해서는 자신 있는 답을 가질 수 있었지만 당시 한국 원양업계의 전망은 밝지 않았다.

① 남획으로 남태평양의 어획량은 눈에 띌 정도로 줄어들고 있었다.
② 원양어선의 숫자가 급속히 늘어남으로써 공급 과잉 문제가 발생하고 있었다.
③ 급속히 성장하는 한국 원양어업을 견제하기 위해 일본은 1967년 '외국인 조업규제에 관한 법률'을 제정, 시행하기 시작한다.
④ 자원보호를 위한 국제적인 규제가 본격화될 전망이었다. 이처럼 참치산업의 앞날이 불투명하다는 사실을 김재철은 사전에 검토했다.

동원산업의 출범

그럼에도 그는 1969년 4월, 회사를 설립하고 3명의 직원과 함께 14평의 좁은 사무실에서 일을 시작했다.

1968년 이후 원양업계를 살펴보자. 당시 수출 실적 상위 12개사 가운데 현재까지 창업자나 그 후손이 경영하는 기업은 하나도 남아 있지 않다. 오늘날 원양업계를 대표하는 기업들은 대부분 후발주자들이다.

현재 기준으로 일정 규모에 도달한 업체는 한성기업, 동원산업, 대림수산, 오양수산, 동원수산 정도이고, 2013년 기준으로 20척 이상의 어선을 보유한 기업은 2개사뿐이다. 동원산업 41척과 사조산업 42척이다.

김재철이 사업을 시작하던 1969년에는 24개 업체가 있었으나, 1992년에는 212개사까지 늘어나면서 보유 척수에서도 810척으로 최고치를 기록한다. 이후 급속히 하락 하여 2013년에는 75개사까지 줄어들었다.

신용을 기초로 시작한 사업

사업을 시작할 당시 김재철의 나이는 34세였다. 그는 신용을 담보로 일본 도쇼쿠 사의 미국 현지법인인 올림피아 트레이딩 사와 37만 달러에 해당하는 동원 31호와 33호에 대한 차관도입 계약을 체결한다. 결국 하기와라 사장이 김재철의 신용을 담보로 빌려준 셈이다.

첫 번째 배인 동원 31호의 선전

1969년 그가 도입한 최초의 신박인 동원 31호는 두 가지 특징을 갖고 있었다. 하나는 당시 기준으로는 대형선박으로 481톤이었다. 김재철의 행보가 곧 한국원양어업 개척사라 불러도 좋은 이유는 늘 남보다 앞서 걸었기 때문이다. 그는 이처럼 참치 독항선(獨航船)의 대형화에 한발 앞서 나갔다. 그리고 또 하나는 한국 최초로 탑재모선식(搭載母船式)연승어업용 선박을 도입한 것이다.

현장에 정통한 사업가의 강점

김재철이 현장 경험과 연구 끝에 찾아낸 새로운 어법인 탑재모선식 어선은 첫 조업부터 기대 이상으로 선전한다. 현장을 진두지휘했던 이중기 선장은 이렇게 회상한다.

"우리는 1척의 어선이지만 실제로는 2척이 조업하는 것이나 다름없었습니다. 500톤급 모선에 20톤짜리 자선을 싣고 다녔기에 두 척에 해당하는 어획고를 올릴 수 있었지요. 남들이 27시간 걸려 갈 수 있는 거리를 우리 배는 24시간 만에 갔지요. 이는 선장이 순발력과 경륜을 가지고 있어야 가능합니다."

김재철이 동원 31호에 기대했던 초기 목표는 연간 230일 조업, 일평균 어획량 2.5톤, 연간 어획량 575톤, 매출 17만 달러였다.

그러나 동원 31호는 25개월 만에 2,500톤과 75만 달러의 성과를 올린 것이다. 이 해에 외화 획득의 공로를 인정받아 대통령 표창을 받기도 했다. 이후 평균 4개월마다 만선하며 여섯 번이나 신기록을 세울 정도로 큰 성공을 거두게 된다.

story 3

사업 토대의 구축

끊임없는 도전과 변신

김재철이 사업 초기 기반을 잡아가는 과정은 어장을 확장하는 역사이고, 새로운 어로 기법을 적용해 더 많은 어획고를 올리기 위한 노력이기도 했다.

동원산업은 동원 31호를 기지 삼아 세계 최대의 참치 선망선단을 거느리는 업체로 일어서게 된다. 물론 중간에 1, 2차 오일쇼크를 만나기도 하고, 미국과 소련이 주도한 200해리 해역 확산 등 큰 위기를 맞기도 했지만 이를 슬기롭게 극복한다.

새로운 어로 기법으로 혁신을

김재철은 번창하는 사업도 언제든 위기에 빠질 수 있음을 인식하고 새로운 가능성을 끊임없이 모색하고, 고정관념을 새로운 관점으로 재해석하는데 늘 익숙했다. 동원 31호만 하더라도 탑재모선식 어법, 기존 어장에 대한 재해석 그리고 뛰어난 선장과 선원의 기용 등 항상 적기에 움직였기에 성공을 거둘 수 있었다.

이런 혁신은 원양업계 전체 발전에 기여했다. 그는 탑재모선식 참치 연승어법과 오징어 채낚기 어법, 가다랑어 채낚기 어법 등에서도 혁신을 이룬다.

오징어 채낚기 어업에 뛰어들다

참치 연승업으로 사업의 기틀을 잡아가는 동안에도 김재철은 새로운 어장과 새로운 어법, 새로운 어구 등을 끊임없이 연구했다. 이런 도전 가운데 초기 성과로 오징어 채낚기 어업을 들 수 있다.

오징어 채낚기 어업이 처음 실시된 시점은 1971년이다. 여기에는 5가지 의미가 있다.

① 300톤급 참치 연승어선을 개조해 동해와 사할린 해 역

에서 오징어 채낚기 어업에 진출한 최초의 사례이다.

② 이때 축적된 경험들이 원양 오징어 채낚기 어업에 도움을 주었다.

③ 오징어 채낚기 어업의 성공은 1973년 가나 해역의 가다랑어 채낚기 어업에 자신감을 더해주었다.

④ 오징어 채낚기 어업으로 북양 트롤 어장에 진출하는 데 자신감을 얻게 된다.

⑤ 오징어 채낚기 어업은 수산 분야에서 이루어진 최초의 신규 사업으로 사업의 다각화에 해당한다.

적재적소의 인재 배치

"앎의 가장 큰 적은 무지가 아니라 안다는 착각이다." 즉 신규 프로젝트의 성공을 위해서는 신인을 과감하게 발탁할 필요가 있음을 뜻한다. 새로운 어법을 개척하기 위해 그가 등용한 사람은 나이가 많고 경험이 풍부한 사람이 아니었다. 당시 5년 동안 원양어선을 타고 막 합류한 20대 후반의 패기 있는 선장이었다. 새로운 일에 새로운 발상을 할 수 있는 젊은 사람을 과감하게 배치하는 결단이 인상적이다.

김재철은 그에게 "자네, 동해안에 나가 오징어 채낚기 조업을 한번 해보지 않겠나?"라는 제안을 한다. "최선을 다해

보겠습니다"는 답이 돌아오자마자 바로 지시를 내린다. "좋아, 그럼 동원 35호를 오징어 채낚기 어선으로 개조해보세."

동원 35호는 한 달 보름간의 첫 출어에서 15,300상자의 어획고를 올림으로써 9만 달러의 수입을 거둔다. 이는 인도양에서 동원 35호가 겪었던 불운을 단번에 해소한 쾌거였다.

가다랑어 채낚기 어업으로 새 어장 개척

1972년 아프리카 가나공화국의 테마 기지에서 실시한 가다랑어 채낚기 어업(Tuna Pole Fishing) 도 김재철이 국내 최초로 사업화에 성공한 사례이다.

가다랑어 채낚기 어법은 참치 어군이 탐색되면 살아 있는 멸치를 뿌려 낚시로 참치를 낚아 올리는 어업인데, 당시로서는 고난도 기술이었다.

가능성을 확인한 김재철은 고난도 기술이라는 장애물을 극복하기 위해 두 가지 조치를 취한다. 먼저 오징어 채 낚기 어업을 성공시킨 김용문을 가나 현지에 파견해 기술을 배우게 한다. 그리고 미국의 통조림 회사인 스타키스트 사와 선원 훈련 계약을 체결해 '폴 피싱'이라는 새로운 어로 기술을 우리 선원들에게 배우게 한다.

이를 기초로 일본에서 도입한 동원 801호를 가다랑어 채낚기에 맞게 개조해 1973년 가나 해역으로 진출한다. 동원 801호가 기대 이상의 수확을 거두고 1978년 철수 할 때까지 동원 803, 806, 807호 등이 속속 진출하여 좋은 성과를 거두었다. 가다랑어 채낚기 어업은 이후 10년 간 원양업계에 새로운 어장을 열어 주었다.

그러나 모든 것은 변한다. 채낚기 어업은 200해리 선포와 유가 인상 등으로 1979년을 정점으로 내리막길을 걷다가 마침내 1980년 참치 선망어업의 등장과 함께 경쟁력을 상실한다.

여기서 필자는 모든 사업에 적용되는 한 가지 가설을 제시하고 싶다. 이는 일종의 '사업 성공의 황금률'이라 하겠다. 김재철은 이런 황금률에 충실한 사람이다. 즉, 어떤 아이템이 큰 이익을 낼 때, 사업가들은 또 다른 성장 축을 필사적으로 만들어내야 한다.

은대구 저연승어업에 최초로 진출

남태평양, 인도양, 대서양을 거쳐 새로운 어장 개척을 계속하며, 북양 은대구 저연승어업과 원양트롤어업을 시작한다. 트롤어업은 동력선이 자루 모양의 그물을 끌어 고기를 잡는 것을 말한다.

북양 명태의 공급 과잉으로 어가가 하락할 때 나온 답이 은대구 저연승어업이다. 낚시를 바닥 가까이 까지 내려 저층에 서식하는 어류를 잡는 방법을 최초로 시도해 큰 성과를 거둔다. 은대구는 수요가 많을 뿐 아니라 어가가 높아 명태를 잡는 일에만 치중하던 북양어업에 새로운 유망 어종으로 각광을 받게 되었다.

은대구 저연승어업은 1977년, 미국이 200해리 경제수역을 선포할 때까지 호황을 누렸지만, 미국이 은대구 쿼터를 3,800톤으로 제한함으로써 7척만 북태평양에 남고 나머지 배들은 뉴질랜드와 멕시코 수역 등으로 뿔뿔이 흩어진다. 이것마저도 1984년 쿼터 배정이 중단됨으로써 은대구 저연승어업은 설 자리를 잃게 됐다.

중층트롤 그물어법 최초 도입

앞으로의 어업은 어법의 과학화와 인력의 최소화로 경영을 합리화해야 한다. 지금까지 우리나라 수산업은 일본을 모방해왔기에 서독이나 노르웨이 등이 이미 개발한 중층 트롤어법과 헬기를 동원한 미국식 참치 선망어업 같은 것은 엄두도 못 낼 단계에 있다.

1979년 9월 25일자 <동아일보>는 '규제에 쫓기는 바다 사나이들'이란 특집 기사를 이렇게 다루고 있다. 이 기사는 원양어업의 위기를 분석하면서 선진국과 한국 사이에 격차가 난 이유를 들고 있다. 중층트롤 어법을 갖지 못한 점과 참치 선망업에 진출하지 못한 점이다. 그러나 이 두 가지 과제도 김재철의 도전을 통해 해결된다.

우리나라에서 최초로 중층망 어법을 성공한 트롤선은 1978년 동원산업의 유양호(1,860톤)이다.

트롤업은 긴 자루처럼 생긴 그물을 물고기가 있는 곳을 향해 끌고 가기 때문에 일명 '저격어법'이라 불린다. 해저에 접착시켜 끄는 저층트롤이 먼저 개발되었지만, 장애물이 있는 경우 어구 손실이 많아 저층그물보다는 중층그물이 더 유리했다.

"어떻게 중층그물을 최초로 도입하게 되었는가?"라는 질문에 김재철의 답변은 간단했다. "명태는 저서 어종이지만 떴을 때 잡아보자"라는 가정에서 출발했다고 했다.

200해리 경제수역 선포 이전의 북양 트롤선들은 소련이나 미국 접경 12마일 해역까지 접근해 조업할 수 있었다. 연안 지역은 수심이 200~300미터로 완만하게 경사를 이룬 대륙붕이어서 어획고를 올릴 수 있었다. 그러나 유양호가 북양에 진출할 때는 조업 환경이 180도 바뀐 상황이었다. 200해리 바깥 공해상은 수심이 무려 4,000~5,000미터나 된다. 그때까지만 해도 중층트롤 어구를 사용하는 한국 어선은 없었다.

오랜 연구 끝에 유양호가 시범조업에서 성공을 거두자, 김재철은 이듬해에 도입한 신양호(2,000톤급)에도 중층그물을 활용했다. 1979년 3월 출항해 5개월간의 항차에서 5,100톤의 명태를 잡았다. 그중 4,000톤은 운반선에 인계하고 나머지 1,100톤을 싣고 돌아오자 1979년부터 다른 회사들도 다투어 개량된 어구를 도입했다.

트롤 어구의 개선

김재철은 트롤 어구를 개선한 4,500톤급 공모선(工母船) 동산호를 통해 또 하나의 혁신을 이루어낸다.

그때까지 "그물코는 물고기의 크기에 비례한다"는 고정관념에 의문을 갖지 않았다. 큰 배든 작은 배든 똑같은 그물코를 사용하는 것을 자연스럽게 받아들였다. 그런데 일본에서 조사한 결과는 고정관념이 얼마나 무서운가를 가르쳐주었다.

우리는 그물코가 1미터인데, 일본 배들은 그물코가 4미터나 되었다. 즉, 물고기는 회피 습성이 있어서 큰 그물코를 통해 바깥으로 빠져나가는 것이 아니라, 오히려 어른거리는 그물코에 놀라 중심부로 향한다는 것이다.

한국의 4,000톤급 트롤선과 일본의 340톤급 트롤선이 같은 그물은 쓰고 있었던 것은 한마디로 한국 트롤선의 그물코가 작아 그만큼 수압을 많이 받고 있었음을 말해준다. 김재철은 그물코를 5미터로 크게 만들었다. 이로써 어망의 집어면적이 넓어져 포획 효과를 높이는 동시에 그물로부터 오는 유체저항(流體抵抗)을 낮추는 효과를 가져왔다.

새로운 어장 개척

"다른 어장은 없는가?"이는 김재철이 평생 동안 던진 질문이다. 새로운 어법의 도입이 사업의 질적인 고도화에 해당한다면 새로운 어장 개척은 양적인 고도화에 해당한다. 기업이 지속적으로 성장하기 위해서는 사업 포트폴리오를 고도화해야 할 필요가 있기 때문이다.

1973년에 또 하나의 괄목할 만한 어장 확대가 이루어진다. 동원 801호가 가나의 테마 항구를 기지로 가다랑어 채낚기 어법을 주도하며 대서양 어장에 본격 진출하게 된 것이다.

1974년에는 라스팔마스에 기지를 설치하고 3척의 트롤선으로 19,000톤의 어획고를 올리며 성장의 교두보를 확고히 하게 된다. 이때 대서양 어장에서 조업하던 한국 트롤 어선은 64척이었으나 1975년에는 112척으로 늘어나게 된다.

인도네시아 어장 개발

1990년대 들어 많은 어선이 인도네시아 어장으로 출어 한다. 남태평양 트롤 어선 가운데 75%의 선박이 인도네시아 수역에서 조업할 정도로 한국 원양어업에 든든한 버팀목이 되었다.

즉 1987년, 동원 101호가 인도네시아 어장에서 시범 조업을 실시하여 조기, 새우, 한치 등 고급 어종을 어획함으로써 상업성을 입증하는 데 성공하며 한국 트롤 어선들의 활로를 앞장서서 헤쳐 나갔다.

고속성장에 날개를 달다

동원산업은 창사 10주년을 맞아 선박 수는 대형 트롤 공모선인 동산호를 포함 22척으로 늘었고, 매출액은 4,129만 원(1969년 기준)에서 157억 5,800만 원(1979년 기준)으로 고속성장하며 연평균 성장률 81.3%를 기록한다.

1981년에는 25척을 소유하기에 이른다. 이 가운데 참치 선망선 코스타 데 마필 호와 캡틴 김호가 추가된 것에 주목할 필요가 있다. 이는 동원산업의 새로운 도약의 발판이 되었기 때문이다.

초기 고속성장을 이끈 8가지 성공 요인

① 김재철은 원양어업의 현장에 정통한 사람으로 자본에 의지해 뛰어든 사업가들과는 차이가 있었다.

② 그는 적재적소에 유능한 인재를 배치함으로써 어획고를 올리는 데 성공했다.

③ 그에게는 신뢰관계로 맺은 일본 바이어가 있었고, 현금 결제를 원칙으로 하는 일본 기업들과 거래하며 어선 수를 늘릴 수 있었다. 즉 어선 수 증가와 매출 증가 사이에 선순환이 이루어졌다.

④ 일본어에 능통한 그는 네트워크의 구축과 사업 기회를 포착하는 데 강점을 보였다.

⑤ 결정적인 시기에 현명한 결정을 내렸다. 그는 다수가 가는 길을 따르지 않고 자신의 판단과 통찰을 믿고 남보다 앞서려 했다.

⑥ 그의 인간적인 특성도 성공에 큰 몫을 했다. 반듯한 가치관과 추진력 그리고 실사구시 정신도 작용했다. 그는 가치 창출을 통한 사회봉사라는 기업 본연의 사명에 충실함으로써 많은 원양업체들이 도산하면서 사회에 폐를 끼친 일에서 벗어날 수 있었다.

⑦ 그는 집중력을 유지하는 삶의 태도를 갖고 있었다. 허

튼짓을 하지 않고, 시간과 에너지를 쓸데없는 곳에 낭비하지 않았다.

⑧ 그는 자신 이외 그 누구도 도움을 줄 수 없다는, 배수진을 치는 마음으로 살았다. 실력만이 자신을 구할 수 있는 길임을 믿고 이런 원칙을 끝까지 지켰다.

김재철이 말하는 성공 요인

그는 무엇보다 '원칙을 철저히' '작은 것도 소중히' '새로운 것을 과감히' 등을 반복해서 가르치고 실천하도록 한 일과 운(運)을 들었다. 그는 신용으로 어려움을 극복한 사례로 어선이 나포된 일을 회상했다.

1979년 대서양에서 조업하던 한국 트롤선 44척이 영해 침범으로 억류되는데, 동원 어선 3척도 억류당하는 일이 발생한다. 그때 억류된 어선은 누군가 보증만 해주면 일단 배와 선원들이 풀려날 수 있었다.

이때 미쓰비시 상사가 보증을 해줌으로써 억류된 선박과 선원들이 풀려날 수 있었다. 동원 83호의 선장은 당시의 절박한 상황을 이렇게 이야기한 바 있다. "귀국 1주일 전에 나포되어 모로코의 아가디르 항에서 100일 정도 억류되어 있었습니다. 이때 미쓰비시 상사가 도움의 손길을 내밀었습니다."

과감한 도전, 공모선 동산호

대형 공모선 동산호에 사운을 걸다

1975년, 김재철은 일본 조선소에서 4,500톤급 공모선을 진수한다. 이 공모선(工母船)은 가공 공장시설을 갖춘 선박이자 150명이 승선 가능한 대규모 어선으로, 명태를 잡기 위해 긴 자루 모양의 그물을 끌고 다니면서 고기를 포획한다.

이 선박의 일일 가공처리량은 명태 기준 200톤으로, 선원들이 3교대로 작업한다. 동산호는 북양 어장에 한번 출어하면 10개월 정도 머물며, 두 달에 4~5번 오가는 운반선이 어획물을 실어 날랐다. 이는 김재철이 고유가 상황에서 노동집약적인 어법으로는 가능성이 없다고 판단해 대안으로 찾아낸 결과물이다.

한편 북양 명태가 국내 시장으로 쏟아져 들어오고 가격이 폭락하면서 연근해 어민들도 큰 피해를 입게 된다. 그러자 정부는 명태가공품을 수출하도록 독려한다.

큰 배든 작은 배든 선장은 한 명이다

창사 4년 만에 1,254만 달러(당시 1인당 국민소득 401달러)짜리 배를 건조하는 것은 엄청난 모험이었다. 이 금액은 참치 연승어선 10척을 만들 수 있는 돈이었다. 이때 미쓰비시 상사가 자금을 지원해주었다. 당시 김재철이 소유한 어선은 12척에 불과했다.

"내가 그동안 경험해보니 100톤급 선박에도 5,000톤급 선박에도 선장은 한 명이 필요하다." 즉 경영효율면에서 대형화가 단연코 나은 선택이라 생각했다.

안정된 수요처 확보

안정된 수요처를 확보할 수 있다는 자신감도 선택에 힘을 더해 주었다.

당시 미쓰비시는 마산에 수산물 가공 공장을 가지고 있었다. 명태를 가공하여 미국에 수출하는 공장이었다. 명태는 한국의 어업회사로부터 공급받기로 했다. 하지만 명태의 국내 가격이 상승하는 등 변수가 있어 원료인 명태를 원활하게 공급받지 못하게 되었다. 이에 생각해낸 것이 공모선 건조였다.

김재철은 자신이 만들려는 공모선이 안정적인 공급처가 될 수 있다는 사실을 미쓰비시에게 적극적으로 설득한다.

미쓰비시 상사는 자신들의 필요를 충족시킬 수 있는 사람은 김재철이라 확신했지만, 동원의 사업규모에 비해 너무 큰 투자라 고심하지 않을 수 없었다.

김재철은 “이것은 반드시 성공한다”는 확신을 가지고 미쓰비시를 설득하기 시작했다. 한국의 인건비가 일본에 비해 월등히 싸고, 명태에 대한 국내 수요가 일본보다 많기 때문에 얼마든지 판로를 확보할 수 있고, 동산호는 사운을 건 투자이기 때문에 김재철이 직접 승선해서 현장을 진두지휘하겠다고 약속한다.

미쓰비시는 그의 진정성에 이끌려 신용지원을 해주기로 한다. 즉 정부나 은행의 지불보증 없이 순수한 신용으로 2년 거치 5년 분할 상환계약서에 사인하게 된다.

보기 좋게 성공한 결단

일본 기술자 10명을 포함한 138명의 선원이 승선한 동산호는 역사적인 북태평양 조업에 나서며 김재철도 이 공모선에 동승해 현장을 지휘한다.

북태평양 캄차카 해역에서 명태 조업을 한 동산호는 출어 1개월 만에 3,000톤에 이르는 어획고를 기록한다. 이 때 <국제신문> 조갑제 기자는 이런 기록을 남긴다.

“1975년 12월 동원산업의 4,500톤급 어선 1척은 고급어종을 잡으러 캄차카 반도의 동안(東岸)에 바짝 붙어 북위 62도 베링

해협까지 올라갔으나, 밤 사이에 사방 수십킬로미터가 얼어붙어, 선원들이 빙판에 내려가 얼음을 깨고 배가 움직일 수 있는 공간을 만들었다. 배는 얼음을 깨고 빙원을 탈출했으나 뱃전에 구멍이 나 수리차 훗카이도로 돌아오고 말았다. 그들은 북양(北洋)의 빙원 위를 걸은 첫 선원들이 되었다."

이후 어려운 여건에서도 미쓰비시 상사와 맺은 뱃값 상환 약속을 하루도 어기지 않고 지킴으로써 양국 수산계에 화제가 되기도 했다.

그는 "동산호야말로 동원산업의 성장에 중추적인 역할을 했다"고 수차례 강조했다. 동산호 한 척의 어획고가 다른 배 전체보다 높은 경우가 많았기 때문이다.

우리나라 원양 트롤어업 가운데서 어선 세력과 어획량 측면에서 주축을 이루고 있는 것은 북양 트롤어업이었다. 이로써 우리 국민들에게 양질의 단백질을 공급하고, 제품을 선상과 육상에서 동시에 가공 수출하여 외화 획득에 커다란 몫을 담당했다.

사운을 건 참치 선망업 진출

참치 선망업은 1971년 제동산업이 미국 밴 캠프 사의 도움으로 막대한 투자를 했지만 성공을 거두지 못한다. 1978년 한국수산개발공사와 제동산업, 2개 사가 출자한 (주)한국선망어업이 출범하지만 이 또한 성과를 내지 못했다. 이 시점에 헬리콥터를 탑재한 참치 선망업을 처음 시도한 사람이 김재철이다.

선망업은 최고로 발전된 어법으로 대규모 투자에 고도의 기술과 숙련된 인력을 필요로 하기 때문에 사기업이 하기에는 위험한 투자였다. 그러나 김재철에게 선망업은 최종 목적지이자 꿈이었다. 『한국원양어업 30년사』에는 일본이 20여 년 만에 성공한 어법을 한국이 불과 2년만에 성공시킨 공적에 대해 다음과 같이 서술하고 있다.

> "참치 선망업은 한국인에게는 불가능하다고 결론을 내릴 즈음인 1979년, 동원산업이 미국에서 코스타 데 마필호를 인수해 괌을 기지로 조업을 시작한다. 처음에는 고전했으나 김재철 사장 이하 관계자들의 결사적인 노력으로 2년 만에 성공시켰다."

참치 선망업은 큰 모선에 3~5척의 소형 보트와 어군 탐지용 헬리콥터를 싣고 다니며 참치 떼가 나타나면 소형 보트를 바다에 내려 그물로 고기 떼를 끌어올리는 방법이다.

참치 연승업(롱라이너)은 25명 정도가 승선해 1년에 300톤에서 450톤가량을 잡지만, 참치 선망업(퍼세이너)은 같은 인력으로 12,000톤에서 15,000톤을 잡는다. 퍼세이너 이상의 방법이 없기에 최후의 어법이라 할 수 있다.

참치 선망선 현장 이야기

"스키프 스탠바이! 스키프 스탠바이!… 스키프 렛고!"

선장의 명령에 따라 모선에 매달려 있던 앞잡이 배(Skiff)가 미끄러지듯 바다로 향하면서 참치와 선원들 사이에 한바탕 전투가 시작된다. 참치 선망선의 조업 광경은 전장을 방불케 한다.

참치 어군을 따라 수면 위로 헬리콥터가 춤추듯 날고 모선은 전속력으로 질주한다. 추격전 끝에 투망 타이밍이 되면, 망루 꼭대기의 선장은 마이크로 "스키프 스탠바이! 스키프 스탠바이!"를 외치다 마침내 "스키프 렛고!"라는 명령을 내린다.

소형 쾌속정인 스키프 보트는 1,500미터나 되는 그물 끝을 붙잡고 본선 반대 방향으로 선수를 돌려 질주하고, 모선은 5,000마력에 가까운 출력을 쏟아내며 참치 어군을 동그랗게 둘러싼다.

스피드(Speed) 보트도 참치가 그물 밖으로 달아나지 못하게 폭약을 터뜨리면서 60노트 속도로 오고 가기를 반복한다. 여기에다 참치의 이탈을 막기 위해 모선에서 터뜨리는 다이너마이트 소리, 본선 철판을 두드리는 대형 망치 소리, 1분 간격으로 어군탐지 상황을 알리는 소리들이 뒤섞이면서 현장은 아수라장이 된다. 이때 군집성이 강한 참치가 한 마리라도 그물 밖으로 달아나면 순식간에 모든 참치들이 흩어진다.

참치 선망선은 어로탐지기와 레이더, 위성통신장비 외에도 어군을 탐지하기 위한 헬리콥터를 싣고 다닌다. 또한 스키프 보트, 네트 보트, 스피드 보트 등을 3척에서 7척까지 싣고 다니면서 작업에 활용한다.

참치 연승업의 독항선과 선망선은 생산성에서 뚜렷한 차이를 보인다. 독항선이 하루 평균 2톤을 잡는다면 선망선은 18톤을 잡을 수 있다. 연간 생산량 면에서 각각 430톤과 4,500톤이 예상될 정도로 격차가 크고, 이익률 면에서도 참치 연승업이 11.6%인데 반해 원양 선망업은 21.8%나 된다. 이런 차이에도 막대한 자본을 투입하고 인력을 훈련시켜야 하기에 민간업체가 뛰어들기에는 너무 위험한 사업이다.

미국인이 설계하고 프랑스에서 만든 헬리콥터 탑재식 800

톤급 선망선의 선가는 320만 달러로, 이는 300톤급 참치 독항선 7척에 해당하는 금액이었다.

길이 없으면 만들어서 간다

그러나 코스타 데 마필 호는 초기에는 기대만큼 성과를 내지 못했다. 기술 습득 과정과 스페인 선원들로 구성된 인력을 운용하는 데 어려움을 겪었다.

첫 조업을 마치고 1년 3개월 만에 부산항에 입항할 때 적자 규모는 무려 280만 달러였다. 이를 타개하기 위해 김재철은 사업 방향을 크게 수정한다. 동부태평양 어장을 포기하고 일본인 어로장을 스카우트해 서부태평양에 맞게 장비와 어구를 교체한다.

1980년 9월, 외국인 선원을 한국인 선원으로 교체하고 다시 출어한다. 이때 김재철도 동승하여 선원들과 함께 일한다. 이는 선원들의 안전과 거래처에 의지를 표명하기 위한 목적도 있었다. 그러나 조업 중에 어군을 탐지하던 헬리콥터가 추락하는 사고가 일어나 조업을 시작한 지 2년 3개월 만에 누적적자가 320만 달러에 이른다.

업계에서 "동원은 머지않아 망할 것이다"라는 풍문이 떠돌 정도로 상황이 심각했다. 그럼에도 그는 현장 숙련도가 향상되면 어황이 나아질 것이라는 믿음을 버리지 않았다.

선망업은 승산이 있다

김재철은 현장을 체험하면서 문제는 선망업 자체가 아니라 선원들의 숙련도라는 사실을 확인한다. 성공을 확신한 그는 어장을 선점하기 위해 빠르게 움직인다. 코스타 데 마필 호가 서부태평양에서 조업 중이던 1981년에 두 번째 선망선인 캡틴 김 호(1,500톤급, 프랑스 국적)를 인수하여 대서양 조업을 시작한다. 1982년에는 자이언트 김 호를, 1984년에는 월드 김 호를 더해 4척의 참치 선망선을 확보한다.

똑똑하고 근면한 한국 사람들

어업 선진국들이 어로 정보 제공을 꺼리는 상황에서도 한국인들의 뛰어난 눈썰미와 근면, 무엇이든 빨리 배우는 특성이 참치 선망업에서도 유감없이 발휘된다.

헬리콥터는 처음에 자주 사고가 났다. 비용 대비 효과에 대해 이견을 제시하는 사람들도 있었다. 그러나 외국인 조종사의 임금이 높기는 하지만 헬리콥터가 투입된 결과, 어군을 탐지하는 지역이 현저히 넓어지는 장점을 갖고 있었다. 당시 동원산업은 대한항공과 아시아나 다음으로 많은 항공기를 보유한 회사로 자리 매김한다. 이후 한국의 참치 선망업은 선발주자로 당당히 발돋움하게 된다.

참치잡이에서 오랜 역사를 가진 일본 어선들은 헬리콥터 탑재시설이 없었다. 대만과 미국의 경우에도 일부만 헬리콥터를 탑재하고 있었다. 반면 한국은 초기부터 대형 선박에 헬리콥터를 탑재했다.

김재철은 참치 선망업에 뛰어들며 향후 수십 년간 지속 될 업계 표준을 결정한 것이다. 이로써 한국은 참치 선망업에서 세계의 선두그룹으로 나아갔을 뿐 아니라 혁신을 선도하는 위치에 서게 되었다.

조업률을 향상시킨 냉동운반선 도입

1980년대 초반까지도 미국 참치 선망선들은 냉동운반선이 없었다. 잡은 고기를 하역하기 위해 입항하면, 먼저 들어온 배들이 하역을 마칠 때까지 30~60일간 항구에 정박할 수밖에 없었다.

이때, 김재철은 냉동운반선으로 어선이 필요로 하는 식료품과 유류, 선용품들을 조업 현장까지 운반한 다음, 어획물을 싣고 오는 이른바 '양상 전재'방식을 도입한다. 이 방식으로 조업률이 획기적으로 향상되고, 한국 참치 선망선이 조기에 자리를 잡는 데 크게 기여했다.

참치의 습성을 이용한 어구의 혁신

그가 처음 선망선을 시작할 당시 미국이나 스페인 배들은 일 년에 2,000톤을 잡았으나, 어구 개발이 계속된 결과 5,000~6,000톤까지 어획량이 늘어나고 지금은 1만 톤까지 잡을 수 있다. 최근에는 15,000톤까지 어획고를 올리고 있다. 이와 같이 어구의 혁신에 따른 어획고의 증가에 김재철은 중요한 역할을 했다.

역경에 굴하지 않는 용기

"참치 선망선은 동원그룹의 사세 확장에 크게 기여 했다." 그가 1980년에 참치 선망업에 뛰어든 뒤 1987년에는 사조산업이, 1990년에는 신라교역이 뒤를 이었다. 1992년에는 11개 업체가 있었으나 지금은 동원산업, 사조산업, 신라교역, 한성기업 정도가 활동하고 있을 뿐 나머지는 무대에서 사라지고 말았다.

참치 선망업이 우리 원양어업에서 차지하는 비중은 2013년 기준 원양업 총 어획고 55만 톤 중 24만 톤으로 44%를 차지한다. 참치 선망선의 조업 구역은 서부태평양의 키리바시,

투발루, 파푸아뉴기니, 마이크로네시아, 마셜 군도, 나우루 및 솔로몬 수역 등으로 넓혀졌다. 이는 한국이 새로운 어장을 개척한 결과이다.

2012년 기준 세계 참치 총생산량은 455만 톤이고, 그 중 중서부 태평양 수역의 어획고는 264만 톤으로 58%를 차지한다. 여기에는 5가지 사실에 주목해야 한다.

① 중부태평양 어장의 어획고 중 15%를 한국 참치 선망선이 올리고 있으나, 우리나라 어선의 비중은 6%(28척)에 불과하다.

② 1980년대 초반, 척당 평균생산량은 1,000톤 수준이었지만, 2006년 이후에는 8,000톤이다.

③ 우리나라 참치 선망업의 생산량은 1981년에는 2천 톤에 불과했으나, 2012년에는 26만 톤으로 증가했다.

④ 참치 선망선 수는 1979년 1척을 시작으로 1990년에는 39척으로 최고치를 기록했다.

⑤ 정부는 참치 선망업 개척에 김재철의 공헌을 인정해 1982년 수산인으로서 최초로 동탑산업훈장을 수여했다.

동원산업은 2015년에 총 19척을 보유함으로써 세계 최대 참치 선망선단을 보유하게 되고, 여기에 여타 어선을 포함하여 세계 1위 수산업체로 우뚝 서게 되었다.

다목적 참치 선망업의 개척

다목적 선망선과 전통적인 참치 선망선

최초의 다목적 참치 선망선은 2006년 출항한 '오션에이스'이다. 이 배는 2,200톤급으로 연평균 12,000톤을 어획해 1만 톤은 통조림용으로, 나머지는 횟감용으로 초저온 냉동 보관한다.

냉동 보관된 다랑어의 어가는 통조림용에 비해 평균 2.5배가 높다. 기존 참치 선망선은 평균 8,000톤을 어획 하는데 반해, 다목적 참치 선망선은 평균 13,000톤을 어획하고 있다. 생산성 면에서 대단한 혁신을 이루었다.

고정관념을 넘어선 시도

동원산업의 오션에이스 호가 2006년에 진수한 후 2014년에는 미래로 호가 진수된다. 2010년 한국원양산업협회와 (주)한국해사기술이 다목적 선망선 표준설계 프로젝트를 시작하고 2011년 마무리한다. 이후 신라교역, 사조산업, 한성기업 등이 국내에서 다목적 참치 선망선을 건조한다. 이로써 우리나라 선망선은 압도적인 경쟁력을 지니게 되었다.

동원산업은 오션에이스(2006), 블루오션(2008), 장보고(2008), 미래로(2014), 세계로(2014) 이후에도 2015년에는 테라카(TERAAKA)와 다른 1척을 추가해 모두 7척의 다목적 참치 선망선을 소유하고 있다. 또 12척의 참치 선망선 가운데 3척이 다목적 참치 선망선으로 개조되었다. 이로써 동원산업은 모두 10척의 다목적 참치 선망선과 12척의 참치 선망선을 포함, 22척을 소유하고 있다.

위기를 넘어서

김재철은 사업 초기에 세 가지 위기를 맞는다. 1차 오일 쇼크와 200해리 경제수역 선포 그리고 2차 오일쇼크다.

1973년 1차 오일쇼크의 충격

1973년 제1차 오일쇼크로 배럴당 2.6달러 하던 국제 유가가 12월에는 11.7달러로 폭등하고, 70년대 중반에는 7배까지 올랐다. 중동 산유국들이 석유 생산을 줄임으로써 석유 수입국들은 공황 상태에 빠졌다.

1차 오일쇼크는 선진국의 경기를 극도로 위축시킴으로써 생선 수요가 급감하며 가격도 폭락하고 말았다. 그로 인해 북양 어장에 출어한 어선 62척이 연말에는 23척만 남는다. 그러나 오일쇼크의 여파가 본격적으로 시작된 1974년까지 김재철은 인도양에서 상당한 어획고를 올림으로써 동원은 1차 오일쇼크의 파고를 무사히 넘길 수 있었다.

특히 오일쇼크 첫해는 전년 대비 96.5% 성장률을 기록함으로써 원가 상승분을 상회하고도 남았다. 1차 오일쇼크의 여진이 계속되던 1976년까지 동원 선단들은 대서양, 태평양, 북태평양에서 전년 대비 76~96%에 가까운 성장세를 보여주었다.

200해리 경제수역 선포의 파고

또 한 번의 위기가 닥친다. 바로 미국과 소련의 200해리 경제수역 선포다. 이전에는 연안 12마일까지 들어가 조업 할 수 있었다. 200해리 선포만으로 어장의 절반이 사라지는 대참사가 일어난 것이다.

이때 동산호는 뉴질랜드 어장을 개척해 북양에서 3~4개월 조업하고 나머지는 뉴질랜드 해역에서 조업하는 방식으로 계속 높은 어획고를 올렸지만, 어가 하락과 뉴질랜드의 200해리 경제수역 선포가 이어져 다른 돌파구를 찾아야만 했다.

또 아프리카 연안국들이 입어료를 대폭 인상하면서 동원은 대서양의 라스팔마스 기지를 철수하기로 한다. 그나마 한쪽 어장에만 의존하지 않고 사업 포트폴리오를 분산시킨 결과 큰 피해를 막을 수 있었다.

북양 어장 상실 이후에 빛을 발한 기업가 정신

북양 어장을 상실한 뒤 불과 5개월 만에 동원선박들은 뉴질랜드, 멕시코, 이란, 남미 기아나 근해에 진출한다. 필자는 그렇게 만들어낸 어장 개척의 기록을 보면서 "사업가들은 참으로 대단하다"고 생각했다. "절박하게 찾는 자는 결코 죽지 않는다"는 말을 다시 떠올렸다.

북양 어장 상실 이후 동산호가 걸어온 길

북양 어장을 상실한 이후 동산호도 험난한 상황에 직면한다. 1977년 동산호는 새로운 가능성을 찾아 뉴질랜드 어장으로 떠난다. 다행히 첫해에 만선으로 200만 달러의 어획고를 올리지만 이것도 1년 5개월 밖에 가지 못한다. 뉴질랜드 역시 200해리 경제수역을 선포해 동산호는 쿼터를 배정받지 못하고 1978년 9월 부산항에 돌아오게 된다.

1979년 1월, 동산호는 다시 북양에서 쿼터 조업을 시작한다. 어획 쿼터만큼 미국 해역에서 조업하고 나머지는 공해상에서 조업을 한다. 이 해역은 손바닥만한 공해이지만 어획고는 150~200만 톤에 이를 정도로 높았다. 연안국 관할권 밖의 수역이나, 이곳에 진입하려면 200해리 수역을 통과해야 하고 미국의 견제도 있지만, 그나마 계속 조업할 수 있는 어장이었다. 그럼에도 김재철은 어장 확보를 위해 백방으로 노력한다.

이때 소련의 어획 쿼터를 갖고 있는 베트남 업체의 쿼터를 인수해 소련과 공동 어로 형식으로 오오츠크해에 입어할 수 있게 되었다. 200해리가 선포된 후 한국 선적으로는 처음 진출한 것이다. 북양 황금어장을 떠난 지 12년 만의 일이다.

이 방식은 2003년까지 계속된다. 당시 동산호 선장은 미수교국이었던 소련에 들어간 경험담을 이렇게 전한다.

"당시에는 미수교국은 들어가기 전에 반공교육을 받았어요. 그곳에서 소련인들을 위한 조선어교본을 보았는데, 놀랍게도 김재철 회장이 1967년에 쓴 선상일기 '파도를 넘어서'가 실려 있었어요. 동산호의 소련 해역 진출은 한국 기업인들의 소련 방문을 촉진하고 소련과 협조 관계를 형성시켜 1990년 양국 국교 수립에도 기여했습니다."

동산호가 오오츠크 해에서 조업할 수 있게 된 배경은 이렇다. 김재철이 미수교국이었던 베트남 수산부 차관이 자신을 만나고 싶어 한다는 이야기를 듣는다. 그때 소련은 베트남 같은 위성국에 북양의 명태 조업 물량을 제공 하고 있었다. 도쿄에서 만난 수산부 차관은 "소련이 준 쿼터를 소화할 수가 없으니 김 회장과 공동 어로작업을 할 수 있으면 좋겠다"고 말한다.

김재철이 "소련과 베트남 모두 한국과 국교가 없는데, 한국 어선이 소련 영해에 들어갈 수 있겠는가?"라고 반문하자, 수산 차관은 "문제될 것 없어요. 동산호에다 베트남 선원들을 몇 명 태우고 베트남 깃발을 달고 소련 해역에 들어가면 됩니다"라고 말한다. 김재철은 "이 양반들 정말 머리가 좋구나"라고 생각했다.

이렇게 해서 사이공에서 한국, 베트남, 소련의 3자 회담이 열리게 된다. 공산 치하에서 오랫동안 살아온 소련 관리들에게는 서비스 개념이 전혀 없어 대화가 통하지 않아 회의는 몇 차례 결렬된다.

예를 들어, 소련 대표는 "소련과 베트남에서는 명태 가격이 같아야 한다"고 말하고, 김재철이 "어떻게 같을 수가 있는가, 소련에서 고기를 싣고 베트남까지 가려면 운임이 필요하지 않은가?"라고 물으면, "정부 배로 옮기는데 무슨 운임이 필요합니까?"라고 말한다. 이런 사람들과 협상해야 했으니 얼마나 힘들었겠는가?

그때 김재철은 수산 차관에게 흥미로운 이야기를 전해 듣는다. "소련 친구들은 머리가 돌아가지 않아요." 깜짝 놀란 김재철이 "당신들도 공산주의 체제하에서 살지 않습니까?"라고 말하자, "우리는 공산 체제에서 7년밖에 살지 않았지만, 저 친구들은 수십 년 동안 살아왔기에 머리가 완전히 굳어버렸어요. 저도 답답해요"라고 답한다. 두 사람은 마주보며 크게 웃고 말았다.

이즈음 베트남 수산부에서 김재철에게 강연을 요청했다. 일정 때문에 어렵다고 하자 그의 스케줄에 맞추어 밤 10시 30분에 전 직원들을 모아놓고 강연을 듣게 했다. 그는 베트남 사람들의 밝은 미래를 예감할 수 있었다고 회고한다.

한편 2003년 5월, 부산을 떠난 동산호는 50여 일을 항해한 뒤 남극해에 도착한다. 크릴 조업은 3월과 7월 사이에 하고, 7월부터 11월까지는 남태평양 수산관리 수역에서 조업했다. 동산호는 이 수역에서 전갱이와 고등어를 잡는다. 이후 크릴조업이 시작되는 2월까지 다시 남빙양으로 남하해 빙어 조업을 하고, 어획물은 통상 15일마다 오는 운반선에 적재되어 부산항으로 옮겨졌다.

2010년에는 남빙양 크릴 조업 이외에 아프리카 동부 공해 지역인 남동대서양 수산관리지구 수역에서 남방돗돔 과 빛금눈돔 같은 고가 어종을 어획하는 성과를 거두었다. 동산호의 어장 개척은 새로운 고가 어종의 어획과 수출 가능성으로 기대감을 안겨주었다.

이같이 세계 여러 대양을 누비며 새 어장을 개척하던 동산호는 안타깝게도 2011년 케이프타운 항에 정박 중 화재 사고로 퇴역하게 된다. 동산호를 둘러싼 환경 변화는 지난 50여 년간 한국 원양업체들이 직면한 과제이기도 했다. 그들은 한순간도 방심할 틈이 없이 국제 정세의 변화에 발맞춰 새로운 어장을 개발해야 했다.

2차 오일쇼크의 파고

1차 오일쇼크 이후 안정세를 유지하던 유가는 1978년 이란의 원유 수출 중단으로 2차 석유파동이 일어나며, 유가는 12.7달러에서 34달러까지 치솟는다. 거기에다 1979년 불황

국면에 접어든 한국 경제는 부마(釜馬)사태와 박 대통령 시해 사건으로 심각한 스태그플레이션 국면을 맞는다. 1980년에는 경제성장이 시작된 후 처음으로 5.1% 의 마이너스 성장을 기록했다.

당시 원양업계의 어려움을 반영하는 자료가 있다. 1980 년 6월 24일자 <동아일보>에는 출어를 포기하고 매각하기 위해 부산항을 가득 메운 어선들의 모습을 전한다.

"급등하는 유가에다 어황마저 부진해 부산 남항에는 팔려고 내놓거나 출어를 포기한 300여 척의 배가 묶여 있다. 그러나 배를 사겠다는 사람은 없고 배값만 폭락하여, 출어에 들뜬 아침을 언제 맞을 수 있을지 기약도 없이 깊은 잠에 빠져 있었다. 당시 530척 수용 능력의 남항에는 계류된 배만 650척이나 되었다."

이 와중에도 김재철이 성장세를 유지할 수 있었던 것은 탄탄한 어획고였다. 이는 불황의 그림자에도 노동절약형, 기술집약형 어업에 진출한 결과였다.

기관장 출신으로 사업을 크게 일으킨 인터불고 그룹의 권영호 회장은 "카네기나 워렌 버핏 같은 사람은 전혀 부럽지 않습니다. 오직 단 한 사람, 동원그룹 김재철 회장을 가장 부러워하고 존경합니다"라고 말했다.

제3부

사업의 확장과 위기

story 1

사업 확장과 기회 포착

사업 확장의 길

"본업을 버리는 자는 망하고 본업만 하는 자도 망합니다. 또 평균 풍속보다 순간 풍속이 훨씬 빠릅니다. 1톤을 견뎌야 한다면 5톤을 견딜 수 있게 배를 만들어야 합니다. 회사 역시 미리 위기를 준비해야지, 위기가 왔을 때는 늦습니다." 김재철이 한 말이다.

사업은 계속 페달을 밟아야 하는 일

김재철은 참치 연승업이 잘나갈 때도 다른 성장 동력을 찾기 위해 노력했다. 그는 수산업을 넘어 종합식품업을 탄생시키고 또한 금융업에서도 기회를 포착해 성공한다.

미약한 시작이었지만 새로운 길을 열다

그는 축적된 자본을 바탕으로 '잡는 어업'을 보완할 수 있는 새로운 사업을 모색하고 자신이 잘 아는 분야인 수산물 냉장사업을 선택한다. 부산에 대지 5,000평을 확보하고 1976년 동원냉장주식회사를 설립하면서 그는 네 가지 점에 주목했다.

① 먼 바다에서 잡아온 고기를 제값에 팔기 위해 냉장 시설이 필요하다.

② 냉장 시설 미비로 고기를 제때 하역시키지 못하는 문제를 해결해야 한다.

③ 냉장 시설을 이용해 유통사업에 참여함으로써 새로운 수입원을 창출할 수 있다.

④ 동원냉장은 1985년부터 참치 미끼용 냉동 고등어를 생산해 자체 공급하고 다른 회사에도 공급하면서 유통업과 수산물가공업 그리고 제조업의 가능성을 확인하였다.

종합식품업체를 향한 도전

그는 경기도 성남시에 동원산업 식품사업소를 열고 북양에서 잡아온 고기의 신선도를 높여 수도권 소비자에게 직접 공급한다. 식품부의 신설은 오늘날의 동원그룹을 있게 한 중요한 결단이었다. 식품사업소가 성장함에 따라 동원식품주식회사로 독립시킨다. 사업 분야로는 냉장·냉동업에 농수산물 도소매업을 포함했다.

식품사업을 향한 전진

동원식품은 조미김, 게맛살, 어묵 등 가공식품 부분에서 입지를 굳힘으로써 동원그룹이 종합식품업체로 발돋움하는데 크게 기여한다. 이후 식품사업은 2000년에 출범한 동원F&B에 합병된다.

한편 동원산업과 동원식품을 분리 운영하도록 한 것은 두 업체가 완전히 다른 사업이라 생각했기 때문이다. 그는 이런 이야기를 한 적이 있다.

"어업과 제조업은 콘텐츠가 완전히 다릅니다. 어업은 손에 물이 마르지 않는 한 돈이 끊이지 않습니다. 배만 있으면 뱃값이 얼마든지 간에 무한정 외상으로 채워주고 고쳐줍니다. 그렇기 때문에 착실한 매니지먼트(경영) 개념이 희박하여

원가 개념도 부족할 수밖에 없습니다. 그러나 제조업은 5리 보고 10리 간다 할 정도로 계획이 치밀해야 합니다. 그래서 어업하던 사람을 가공업시키면 일이 잘 돌아가지 않습니다. 고기 잡는 사람들은 한 방에 모든 것을 해결하려 합니다."

잡는 어업에서 수산물 가공에서 유통까지

또 참치캔에서 새로운 기회를 포착한다. 참치캔 시장의 개척은 '갑'과 '을'이란 개념에서부터 시작된다. 어떤 거래에서든 전적으로 상대에게 의존하면 협상 카드를 상대방에게 모두 내주게 된다. 선망업 진출 초기부터 미국 최대의 참치 통조림 회사인 스타키스트에 어획물을 전량 수출하고 있었다. 수요를 스타키스트가 독점하다 보니 자연히 문제가 발생했다. 즉, 스타키스트가 결정하는 가격에 납품해야 하는 상황이 된 것이다.

즉 수산업뿐 아니라 모든 업종에서 특정 업체에 과도하게 매출을 의존하는 것은 위험하다. 김재철은 새로운 수요처를 확보하지 못한다면 참치를 더 잡아도 공급하기 어렵다는 문제에 고심하지 않을 수 없었다.

새로운 상품군 참치캔을 만들다

1981년, 김재철이 하버드 대학 AMP 과정을 마치고 귀국하던 길에 로스앤젤레스에 있는 스타키스트 공장을 둘러보면서 "우리도 이 정도 공장이라면 충분히 운영할 수 있다"고 생각한다.

"그러나 국내에 과연 수요가 있겠는가 라는 질문에 긍정적인 답을 얻을 수 없었습니다만, 조사해보니 1인당 국민소득이 2,000달러에서 참치캔 소비가 시작된다는 사실을 확인했어요. 당시에 우리나라 국민소득은 1,300달러 정도니까 도전해볼 만한 사업이라 판단했습니다. 하지만 초기에는 손해를 봤습니다만, 서울 올림픽을 전후해서 시장이 크게 확대되었습니다."그는 참치캔이라는 새로운 상품군을 만들어 낸 혁신가이다.

치열한 경쟁에서 승리를 거두다

당시 참치캔을 둘러싼 치열한 상황을 한 신문은 이렇게 전했다.

"국내 참치 통조림 시장을 놓고 동원산업, 동아제분, 해태농수산 등이 각축을 벌이고 있는 가운데 대우와 롯데도 기술제휴를 통해 통조림 생산에 참여할 것으로 알려져 통조림 시장이 한층 가열될 전망이다."

그러나 동원산업은 2013년까지 평균 시장점유율 72.6%를 차지하고, 매년 2억 개 이상을 팔았다. 2014년 7월, 국내 언론매체들은 "국민통조림인 동원참치가 단일 수산 브랜드로는 국내 최초로 50억 캔을 판매하는 신기원을 이뤄냈다"고 보도한 바 있다.

금융업 진출

2003년 동원그룹에서 계열 분리되어 성장세를 지속하고 있는 한국투자금융지주는 김재철의 사업 역정에서 기념비적인 성과이다. 그는 자신이 잘할 수 있는 일과 그렇지 않은 일을 엄격히 구분한 다음, 계열 분리를 단행하고 과감하게 독자 경영을 한다. 이는 "내가 모르는 일은 잘 아는 사람에게 맡겨야 한다"는 그의 경영관이 잘 반영된 성공 사례이다.

하버드 대학 연수가 준 선물

그가 하버드 대학 연수를 떠날 즈음은, 엄청난 리스크를 안고 뛰어든 선망선 어업이 자리를 잡기도 전이다.

"내가 서울대 AMP 과정을 다녔습니다. 그때 자주 들었던 이야기가 하버드 '케이스 스터디(Case study)'라는 용어입니다. 지금이야 정보화 시대이니 굳이 그곳에 가지 않더라도 무슨 뜻인지 알 수 있습니다만, 그때만 해도 그렇지 않았어요. 그래서 언젠가 시간을 내어 꼭 하버드 케이스 스터디를 들어야겠다고 생각했습니다. 제가 연수에서 포착한 중요한 것 중 하나가 증권업의 가능성입니다. 미국에서는 똑똑한 친구들이 대부분 금융업에 뛰어드는 데 그 모습이 생소하기도 하고 놀랍기도 했습니다."

연수에서 그는 두 가지를 얻는다. 하나는 금융업은 해볼 만한 사업이라는 것과 다른 하나는 참치캔의 사업화 가능성이었다.

50억 유보금으로 증권업 진출

김재철의 증권업 진출은 시대 변화의 길목에서 낚아챈 기회였다. 1981년부터 시중은행의 민영화 방침에 따라 삼보증권, 동양증권과 함께 국내 대표적 증권사인 한신증권이 매물로 나왔다. 예상 낙찰 가격은 70억 원대로 추정 되었지만, 동원산업의 자본금은 20억 원에 불과했다.

그러나 동원산업은 내부 유보금이 있어 뛰어들 만한 일이라 생각했다. 여기에다 자산 재평가를 하면 자본금의 몇 배나 되는 내실 있는 기업이었기에 가능했다. 다만 증권업에 투자하는 것과 어선을 구입하는 것 사이에 차이가 있다면 하나는 잘 알고, 다른 하나는 잘 모르는 분야라는 사실이다.

한신증권 인수와 금융계의 기린아 김정태 스카우트

김재철은 10여 년을 고전하면서 증권회사를 성장시키는데, 이때 거쳐간 대표적인 인물이 김정태(전 국민은행장)와 박현주(미래에셋증권 회장)이다. 특히 한국 금융계의 기린아로 통하는 김정태는 36세가 되는 1986년에 김재철에 의해 스카우트되어 17년간 함께 일했다.

김정태는 인센티브와 투명 경영, 무차입 경영, 스톡옵션(주식매입선택권) 제도 등으로 금융계에 신선한 충격을 주었는데, 이 모든 실험이 동원증권에서 이루어졌다. 그는 1997년 동원증권 사장을 끝으로 51세에 주택은행장으로 스카우트되어 다시 한 번 실력을 발휘했다. 김정태를 아꼈던 김재철은 두둑한 전별금을 전하면서 이렇게 부탁한다. “소신껏 해라. 안 되면 돌아오면 된다.”두 사람은 계속해서 좋은 인연을 이어간다.

김정태처럼 좋은 인연을 이어간 사람이 있는 반면, 큰 타격을 줄 정도로 직원들을 데리고 나간 경우도 있었다. 당시에는 마음이 쓰렸지만 세월은 모든 것을 잊게 했다.

"만남과 헤어짐이 인생사입니다. 떠날 때는 좋은 인상을 줄 수 있도록 노력해야 합니다. 좋고 나쁜 것은 거기서 끝나는 것이 아니라 파장과 흔적을 오래 남깁니다."

젊은 시절, 그는 직장을 옮길 때 이 점을 중요하게 여겼다. 고려원양의 이학수 사장과의 인연을 다시 한 번 떠올리게 한다. 김재철은 회사를 나가기 6개월 전에 이직 의사를 밝히고 회사에 어떤 피해가 가지 않도록 주의함으로써 이 사장이 세상을 떠날 때까지 교분을 유지할 수 있었다. 김재철에게 신용이란 재무적인 약속뿐만 아니라 인간적인 기대를 저버리지 않는 믿음이나 신뢰를 의미한다.

잘 모르는 분야의 사업을 한다는 것

초기에 동원산업은 증권업에 지속적으로 투자했지만 제대로 키우기는 쉽지 않았다.

1982년 인수 당시 한신증권의 자본금은 50억 원이었으나 1988년 450억 원, 1995년에는 1,795억 원으로 늘어난다.

한편 1990년까지만 해도 동원증권의 업계 순위는 4~5위였으나 김남구 부회장이 지휘봉을 잡으면서 업계 선두로 올라서게 되었다. 증권사를 경영하면서 김재철은 여러 가지를 배우고 변화를 겪는다.

이 가운데 하나가 인재 육성에 대한 관점이다. 1970년 대에 수산업을 할 때만 해도 그의 인재관은 단순했다. "나를 믿고 들어온 사람은 내가 책임져야 하기에 꼭 필요한 사람만 써서 키운다"는 것이었다.

그러나 증권사를 인수하고부터는 한 사람이 천 명, 만 명 역할을 할 수 있다는 사실을 확인하면서 "사람을 키워야겠다"는 생각을 굳힌다.

수산업과 증권업은 업의 본질이 다른 만큼 경영도 달라야 했다. 엄격하게 두 분야 사이에 경계를 둔 것이 성공의 요인이었지만, 그는 늘 "증권업은 젊은 사람들이 하는 사업이다"라고 생각했다.

한국투자금융지주의 출범

김재철은 한신증권의 상호를 동원증권으로 바꾼다. 외환위기가 닥치기 전인 1996년부터 김정태 사장은 무차입 경영을 실시하는 등 내실 있는 운영을 해옴으로써 외환위기 때 다른 증권사들이 줄줄이 적자를 내는 속에서도 186억 원의 흑자를 기록한다.

이때 장남 김남구는 게이오 대학 MBA를 거쳐 1991년 한신증권 대리로 입사해 경영자로서 훈련을 받는다. 김재철은 일찍이 금융업의 계열 분리라는 복안을 가지고 김남구에게 자신의 동원산업 주식 55만 주를 증여한다.

이 일은 당시 장안의 화제가 되었다. 주식을 아들에게 넘기면서 62억 원의 증여세를 자진 납부했기 때문이다. 당시 국세청은 세무조사로 추징하지 않고 자진 신고한 증여세로는 사상 최고액이라 밝혔다. '쩨쩨하게 살지 않겠다'는 삶의 철학이 행동으로 드러난 이 일은, 국세청이 언론에 알림으로써 일간 신문들이 이를 대서특필했다.

특히 <조선일보>는 사설에서 "김 회장의 자진납부 금액이 사상 최다"라는 점을 잊어서는 안 된다. 지금까지 우리 사회에서는 누구누구 하는 대재벌들이 합법적인 절차에 따라 상속세와 증여세를 물었으나 이번 김 회장보다 더 많은 금액을 납부했다는 소식은 듣지 못했다.

분명 김 회장보다 더 큰 사업을 하고, 더 재산이 많은 이들이 우리 사회에는 숱하게 많은데 어떻게 적게 세금을 내고 빠져나갈 수 있었는가 의심하지 않을 수 없다. 심지어 상속세와 증여세의 경우 세금의 10%만 물어도 많이 내는 것이라는 설까지 있다. 그 진위야 어떻든 우리는 동원이 '절세하는 방법이 있다'는 사실을 알면서도 '방법 면에서 부도덕해서는 안 된다'는 소신을 밀고나간 점에 감격하지 않을 수 없다."고 논평했다.

동원은 2003년 금융지주회사를 설립하고 동원그룹과 계열 분리함으로써 지분뿐만 아니라 경영상의 의사결정에서도 독자 행보를 하고 있다.

한국투자금융지주는 2014년 기준, 한국투자증권, 한국 투자신탁운용, 한국투자밸류자산운용, 한국투자저축은행, 한국투자파트너스를 포함해 자회사 6개, 손자회사 16개, 해외 사무소 5개 등을 거느린 메이저 금융그룹으로 성장했다. 한국투자증권은 2011년 이후 4년째 증권업계 순이익 1위를 달리고 있다.

사세 확장을 위한 노력

"선장은 다음 어장을 생각해야 한다." 그에게 사업 확장이란 "다음 어장(시장)이 어디에 있는가?"라는 말로 요약된다. 김재철은 CEO의 역할을 선장의 역할에 비유해 말한다.

사업가는 성과로 말한다. "기업인이 언론에 자주 오르내리는 일은 결코 바람직하지 않다. 그만큼 일에 대한 정성이 부족해지기 때문이다."이는 모든 에너지를 성과에 집중해야 하는 일의 중요성을 말한다. 즉, 기업가는 자신이 만들어낸 성과를 숫자로 말하는 사람이란 뜻이다.

제조업 분야를 향한 전진

두 번째로 뛰어든 사업은 수산업과 관련이 없는 제조업이었다. 1977년에 세운 오리온광학은 큰 돈을 투자했지만 실패한 사례다. 특이한 점은 외식업 같은 서비스 분야에서도 성과를 얻지 못했다. 그는 서비스업에서 부진했던 이유로 사람을 구할 수 없었던 점을 든다.

"서비스업을 해보니 처음 몇 개 점포까지는 잘할 수 있었습니다. 그런데 그 이상 확장하려면 사람이 있어야 하는데 인재를 찾기가 힘들었습니다. 사람이 있고 사업을 해야지 사업을 하고 나서 사람을 찾았던 경우는 대부분 재미를 보지 못했습니다."

수산물 가공업을 넘어 종합식품업체로

1986년 구룡포 공장에서 냉동 필레트가 나오는데, 이것이 자체 1호 공장이라 할 수 있다.

구룡포 공장의 인수와 광주의 가공공장 신축으로 냉동 필레트, 조미오징어, 조미 어묵, 맛살, 참치용 횟감 등으로 사업 영역을 확장하며 수산물 가공회사로서 입지를 굳힌다. 이후 사업 범위를 넓혀 농축산물 가공을 포함한 종합식품회사로서의 성장을 꾀한다.

경제성장과 함께 편의성 위주의 식생활 패턴으로 냉동식품 시장이 급속히 확대된다.

이런 흐름에 맞춰 1987년 동일냉동식품을 설립하고 만두, 고로케, 돈까스, 튀김류 등을 대량 생산한다. 이 때 주요 합작사는 일본의 냉동식품 및 종합수산회사인 니쓰이(日本水産)였다. 니쓰이의 전체 매출액에서 원양어업이 차지하는 비중은 30퍼센트에 지나지 않았다. 그 회사는 제약이나 건강식품 등 식품 관련 업종에 투자해 성공적인 사업 포트폴리오를 갖추고 있었다.

또 동원은 1991년 참치캔 등을 생산하는 삼양공업과 조미김을 전담하는 청주식품을 설립하고, 배합사료 제조업체인 한성사료를 인수한다. 2003년에는 유기농 사업을 영위하는 이팜과 동원와인플러스를, 2005년에 디엠 푸드를, 2006년에 해태유업의 제조 가공 및 판매사업을 인수하고, 2007년에는 조미식품 전문회사인 삼조셀텍을 인수했다.

새로운 성장축인 포장재 사업

"새로운 사업은 없을까?" 김재철이 평생 자신과 주변 사람들에게 묻고 답을 찾았던 화두이다. 팔순을 넘긴 지금도 그의 질문과 도전은 현재 진행형이다. 최근에는 식품 포장재 사업에 적극적인 행보를 보이고 있다.

포장재 사업은 주력사업의 경쟁력 강화와 함께 새로운 수입원 창출 차원에서 접근했다. 1991년, 통조림 캔용 공관을 생산하는 삼양공업이 설립되고, 1990년대에는 플라스틱 용기 제작사인 동원정밀이 세워졌다.

포장재 사업이 새로운 성장축으로 자리 잡은 것은 1999년 충북 진천에 공매로 나온 공장을 인수하면서부터다. 이 공장은 종이컵을 만드는 공장인데 다른 사람들이 관심을 갖지 않아 24억 원에 나온 물건으로, 유찰이 거듭되어 10억 원에 인수한 이후 1조 원대 매출을 앞둔 동원그룹의 포장재 사업 기초가 되었다.

"포장재 사업은 수산 분야보다 규모가 크고 다양하며 핵가족화되면서 수요가 있다고 판단했습니다." 2013년, 알루미늄 호일을 만드는 대한은박지를 인수하고, 2014년에는 산업용 필름, 상업용 인쇄, 판지상자 생산에 관한 특허를 소유하고 있는 한진피앤씨를 인수한다. 이 회사는 1971년에 창립된 회사로 미국과 대만, 한국의 코닝에 유리보호 필름을 납품할 정도로 고도의 기술력을 갖고 있었다. 이로써 동원시스템즈는 매수합병을 통해 포장재 사업 전 분야[연포장재, 기타 포장(페트병, 성형용기, 공관)부문, 알루미늄 가공 부문, 수

지사업 등]에서 제조기술과 인력을 확보하게 되었다.

2010년까지 포장재 사업 매출에서 60% 정도가 계열사였지만 2014년에는 20%이하로 떨어진다. 이는 포장재 사업이 동원그룹 내에서 새로운 성장축으로 자리 잡아가고 있음을 말해준다.

"동원그룹에는 3대 성장축이 있습니다. 원양어업과 식품가공업, 그리고 포장재 사업입니다. 동원시스템즈는 국내 포장재 업계에서 시장점유 1위를 달리고 있습니다."

영원한 '갑' 스타키스트를 인수하다

김재철은 사모아의 스타키스트사에 처음으로 고기를 납품한 선장이다. 이런 인연으로 1983년 스타키스트는 20주년 기념행사에 김재철을 초대했다. 그러나 스타키스트의 50주년 행사에는 김재철이 대주주 자격으로 그 행사를 주관한다.

스타키스트는 미국에서 참치캔 시장점유율 1위 기업이지만 김재철에게는 시장가치나 시장점유율 그 이상이다. 스타키스트는 그에게 '영원한 갑(甲)'이었다. 참치를 잡아 오는 사람은 늘 많았고 참치를 구입하는 회사는 사모아에 스타키스트와 밴 캠프밖에 없었기 때문이다.

글로벌 기업으로 도약하다

동원그룹은 스타키스트를 인수함으로써 구매와 제조의 강점을 내수시장을 넘어 글로벌 시장까지 확대할 수 있게 된 것이다. 현재 세계적인 참치캔 공장 가운데서 생산성이 가장 높은 곳이 동원F&B의 창원공장이다.

따라서 공정 혁신이 스타키스트 공장에 그대로 적용되고 3,000만 달러의 투자가 추가로 이루어지면서 2,900명 이던 인력은 1,900명으로 줄었다. 혁신 결과 스타키스트는 흑자 전환에 성공했다.

인수 후 회사 평판이 올라 우수 인재를 영입할 수 있었고, 내부 직원들에게도 비전을 다지고 글로벌 인재를 향한 동기 부여가 되었다. 스타키스트의 경영이 정상화됨으로써 인수 가격 대비 2배 이상의 시장가치를 높일 수 있었다. 거기에다 한국 회사가 해외에서 큰 거래를 성공 시킴으로써 해외시장 진출에 박차를 가하게 되었다.

또 스타키스트의 인수와 혁신 경험을 통해 김재철은 한국의 대학교육에 새로운 대안을 제시한다. 창원 공장의 엔지니어들이 스타키스트 공장에 파견되어 일하는 것을 보면서 국내에서 교육을 받는 엔지니어들이 세계 시장에 진출할 수 있는 가능성을 발견한다.

"폴리텍 대학 학생들을 해외 제조업체에 기술자로 내보내야 합니다. 해외에서의 취직은 쉽지 않지만 엔지니어는 수천 명을 해외로 보낼 수 있어요. 젊은이들이 나갈 길이 그곳에 있다"고 그는 강조한다.

책임경영과 투명경영을 위한 지주회사

"국내에서 실질적으로 지주회사는 우리가 최초였습니다." 일찍이 김재철은 사업의 본질이 다른 업은 분리 운영해야 한다는 원칙을 갖고 있었다. 책임경영과 투명경영이란 두 가지 과제를 효과적으로 수행하기 위해서다. 그러나 대다수 기업의 경우 난마처럼 얽힌 지분 관계와 지배주주의 낮은 지분 때문에 뜻이 있어도 지주회사를 만들 수가 없다.

그럼에도 지주회사는 출자에만 집중하고 자회사는 고유 사업에만 전념할 수 있어 지배구조를 투명하고 단순하게 만들 수 있는 장점이 있다. 또 지주회사는 계열사의 경영 성과가 뚜렷하게 드러나므로 해당 기업의 가치 극대화에 이바지할 수 있고, 주주 중심 경영이 가능하고, 부실 자회사의 조기 매각과 외자 유치, 신규 사업 진출 등 구조조정도 용이하다.

동원그룹은 동원엔터프라이즈를 중심으로 18개 주요 계열사로 구성되어 있는 생활산업그룹이다.

동원엔터프라이즈 외에 한국투자금융지주가 있다. 이 회사는 동원증권과 한국투자신탁을 비롯하여 한국투자증권 등 모두 15개의 계열사를 두고 있다. 두 지주회사들 사이에는 단 한 주의 주식도 교차 소유하고 있지 않으며 법적으로나 경영적인 면에서 완전히 독립되어 있다.

동원그룹의 사업다각화 과정

세계 1위 원양업체인 동원산업은 격변하는 환경 속에서 살아남기 위해 지속적으로 변신을 꾀하지 않을 수 없었다. 이를 위해 사업의 다각화가 필수적 과제였다.

이 과정에서 김재철은 재계의 관행인 차입에 의존한 문어발식 사업 확장을 하지 않았다. 즉 동원그룹은 계열사 간 지분 교환이나 상호 보증 없이 각 계열사가 독자 경영함으로써 새로운 성장 모델을 제시했다.

story 2
사업의 위기, 실패의 교훈

IMF 충격에 흔들리다

1997년의 외환위기는 유례없는 대형 사건이었다. 30개 기업집단 가운데 17개가 해체되었다. 김재철도 이런 상황에서 자유롭지 못했다. 그러나 그는 외환위기의 징후를 미리 읽어냈다.

"저는 여러분에게 새해 인사를 하면서 왠지 금년에는 엄청난 어려움이 밀려오리라는 생각이 듭니다. 그러나 돌이켜보면 지난 몇십 년 사이에도 우리는 숱한 어려움을 겪고 헤쳐 왔습니다. 지금 우리 앞에 다가오는 어려움은 내부에 쌓인 모순들이 터져 나온 어려움들이라 쉽게 해결되지 않으리라 생각됩니다만, 그 어려움이 내부 원인이기 때문에 국민 모두가 자각하면 능히 극복할 수 있으리라 생각합니다. 역사는 늘 어려움을 겪고 나서 크게 발전해왔습니다."

외환위기 발생을 10여 개월 전에 내다 본 한 기업가의 통찰력이 놀랍기만 하다. 그런 판단을 내리게 된 근거는 창사 이후 고속 질주하며 원양업 전체 수출에서 1위를 차지하던 동원산업에 위기의 경보음이 울렸기 때문이다. 즉 동원산업이 1996년에 이례적으로 큰 폭의 적자를 냈다.

"우리는 오늘 이 자리에서 1997년의 새 출발을 다짐하고 있습니다. 그러나 우리가 나아갈 길은 결코 수월할 것 같지 않습니다. 더욱이 지난해 회사 창립 28년 역사에서 처음으로 적자를 냄으로써 연말에 지급해야 할 상여금을 지급하지 못하게 되었으니 열심히 일한 직원들에게 참으로 미안한 일입니다. 그러면 열심히 일했는데 왜 적자였을까요? 주위 환경은 엄청나게 달라졌는데 우리가 일하는 방식은 구태의연했기 때문입니다."

그룹 전체에 부담을 준 동원파이낸스의 부실화

동원산업의 적자는 어황이 나빴던 데다 어선 도입에 따른 것이어서 일시적 현상이라는 게 일반적 평가였으나 김재철은 남다른 위기감을 느낀다.

그는 외부 강연 활동도 접고, 골프도 끊으며, 심기일전 하는 마음으로 자숙한다. 그는 수십 번 성공을 거두었더라도 단 한 번의 위기로 넘어질 수 있다는 사실을 잘 알고 있었다.

거기에다 큰 적자에 이어 또 다른 거센 파도가 동원산업을 덮친다. 그것은 외환위기로 국가신용도가 추락하면서 롤오버(roll-over, 대출 만기 연장)가 불가능해진 것이다. 여기에다 원화 가치가 폭락함에 따라 이자 부담이 커졌다.

당시의 심각성은 1997년 한해 외화 평가손실만 645억 원에 달할 정도였다. 선박을 건조하기 위해 빌린 돈의 대부분이 외화였기 때문이다.

여기에다 날벼락 같은 대형사고가 금융 부문에서 일어났다. 1995년에 인수한 자본금 100억 원의 한신팩토링은 동원파이낸스로 상호를 변경하고, 3차에 걸친 유상증자로 자본금이 650억 원이나 되는 대형 팩토링 회사로 성장하고, 자본금과 영업 실적에서 업계 1위를 달리며 1997년 한해 영업수익으로 835억 원을 올릴 정도였다.

당시 동원파이낸스가 은행권에서 대출을 받아 골프장 건설에 많은 돈을 빌려주었는데, 외환위기로 골프장들이 연쇄부도를 맞은 것이다. 부도 리스트에 동원산업이 올라 있다는 풍문이 돌 정도로 회사 사정이 어려웠다. 그때 김재철에게 누군가가 구원의 손길을 내밀었다.

즉 1998년 참치 어획고가 이례적으로 대풍(大豊)인 데다 어가도 톤당 800달러에서 1,200달러로 뛰었고, 환율마저 고공행진을 하면서 환율 덕도 보게 된 것이다. 특히 1998년 4월 한 달 동안 창사 이래 최대인 12,000톤에 달했다. 김재철은 말했다.

"하늘의 도움이 있었지요. 저의 일생은 바다로 인해 일어섰고, 위기에서도 바다가 저를 살렸습니다." 1998년 6월 동원산업의 수익은 전년도 마이너스 242억 원에서 플러스 318억 원으로 역전한다. 부채비율도 같은 기간 484%에서 198%로 떨어졌다. 거기에다 평소 쌓았던 신용이 중요한 역할을 했다. 한 푼의 외화가 아쉬운 시점에 미쓰비시 상사가 도움을 준 것이다.

신속한 위기관리의 힘

김재철에게 또 하나의 버팀목은 금융부분의 선전이었다. 김남구 상무는 홍콩의 한 친구로부터 동남아시아발 위기가 한국으로 번질 것 같으니 대비하라는 전화를 받고 바로 행동에 옮긴다. 대부분의 유가증권을 사전에 매각해 3,000억 원의 자금을 확보한다. 이처럼 신속한 위기관리 덕분에 동원증권은 혼란 속에서도 상당한 수익을 올려 그룹의 든든한 방파제 역할을 했다.

실패에서 배운다

"선장이라도 좋은 배만 타면, 배 자체를 속속들이 알기가 어렵습니다. 그러나 고장 난 배를 조선소 도크에 넣어 수리를 해보면 선박의 구조를 잘 알게 됩니다."

김재철은 새로운 도전이 실패라고 판단하면 과거에 매이지 않고 과감히 결정을 내린다. 그는 이른바 '매몰비용의 함정'에 빠지는 실수, 즉 본전 생각 때문에 난관에 빠지는 법이 없었다.

도전과 실패의 연속

성공이나 실패의 기억은 모두 소중하다. 그는 1977년에 오리온광학을 설립해 카메라 사업에 의욕을 보였지만 상당한 돈을 잃었다. 이후 해피텔레콤을 통한 무선통신 사업, 성미전자의 인수를 통한 전자사업과 같은 실패 사례도 있다. 또한 외식업에도 진출했지만 기대만큼 성과를 거두지 못했다.

최초의 비관련 사업 : 오리온광학

그는 사업 초기부터 제조업 분야에 관심을 갖고 있었다. 바다 사업은 자연환경에 따라 성과가 달라지기 때문이다. 그는 정밀산업 분야인 광학(光學)에 진출하기로 결심하는데, 이 사업은 일본 기술을 도입해 국산화할 수만 있다면 작은 부피로 수출이 용이할 것이라 보았다.

그가 카메라의 사업성에 확신을 갖게 된데는, 일본이 본고장인 독일의 기술을 따라잡아 카메라 대국이 되었으니 우리도 충분히 가능하리라 판단했기 때문이다.

또 일본의 유명 메이커인 아사히팬탁스, 캐논, 미놀타 등이 모두 중소기업이므로 그가 시작하더라도 대기업이 뛰어들 가능성이 낮다고 보았다. 마지막으로 우리나라 사람들은 손재주가 좋기 때문에 정밀사업에도 잘 맞으리라 판단했다.

이에 따라 1978년부터 교환렌즈, 멀티코팅렌즈, 600배 생물현미경을, 1984년부터는 펜탁스 카메라를 생산한다. '오리온 현미경'으로 KS 등록을 마친 동원 제품은 국내 시장점유율 30%를 차지할 정도로 매출을 올렸다.

그러나 막상 시작하고 난 뒤 카메라는 생각보다 많은 부품으로 구성되어 있다는 사실을 알게 되었다. 그런데 국내에는 다양한 부품을 생산하는 기업이 없었다.

"셔터, 렌즈, 코팅 기술 어느 것 하나도 우리나라에는 기본이 갖추어져 있지 않았어요. 거기다가 결정적인 타격은 대기업 진출이었습니다. 삼성이 카메라 사업에 진출하더니 외상 매출을 확 늘려버렸어요. 아이디어와 의욕만 가지고 시작할 수 있는 것은 사업이 아닙니다."

섬유업은 제조업 기반을 위한 작은 시도

제조업 기반을 다지려는 또 다른 시도는 섬유업이었다. 성남단지에 섬유 공장을 신축하고, 일본 시키시마 섬유와 기술 제휴와 판매 계약을 체결해 사업을 시작하였으나 채산성이 맞지 않아 접었다.

업종이 좋다고 뛰어들어도 안 되고, 해당 분야에 정통하거나 자기 일처럼 뛸 인재가 없다면 잘될 수가 없다. 섬유업이 여의치 않자 섬유부를 모피부로 개편하였으나, 이 사업도 부진하자 섬유업에서 완전히 손을 뗀다.

통신장비업 진출: 성미전자

1990년대는 인터넷 등 정보통신의 미래가 발전을 약속하는 시대였다. 이에 1995년 성미전자를 인수한다.

이 회사는 주식시장에 상장된 통신장비 전문업체로 매출

액 1,169억 원에 순이익 80억 원을 올릴 정도로 내실 있는 회사였다. 성미전자는 인수 후 몇 년 동안 순조로운 성장세를 보였다.

그러나 성미전자의 성장은 오래 가지 못했다. 성미전자가 갖고 있는 핵심 역량이 과대평가된 것이었다. 수익 모델은 외국에서 수입하는 제품 위주의 영업에서 발생했다. 즉, 이 기업의 핵심 역량은 기술력이라기보다는 영업력에 있었다. 여기에다 외국산 통신장비들이 여러 곳에서 들어오고 있던 터라 매출 부진으로 고전을 면치 못했다. 한편 인수 후 단행한 경영자의 교체에서 적임자가 아닌 사람을 배치했던 점도 기업을 어렵게 만든 원인의 하나였다.

2000년 3,500억 원에 달하던 매출액이 2001년에는 2,000억 원으로 줄어들며, 167억 원이던 흑자가 682억 원의 적자로 떨어진다.

이는 잘 모르는 분야에 뛰어들었고 인재도 확보하지 못한 것이 실패의 주요인이었다. 그가 치른 비용은 오늘날 매수 합병을 시도하는 사람들도 되새겨야 할 교훈이다.

통신서비스업 진출: 해피텔레콤

"나는 처음에는 여러 기업을 하지 않고 하나의 기업만을 최고로 육성하겠다고 생각했습니다. 그러나 기업경영은 환경 적응업이기 때문에 시대의 변화에 따라가지 않으면 안된다는 생각으로 바뀌었습니다. 따라서 각 분야별로 전문화되고 기동력 있는 회사들을 운영할 생각입니다. 그런 관점에서 앞으로 전문화된 회사를 많이 만들 생각입니다."

이에 따라 김재철은 이동통신 서비스를 가능성 있는 사업으로 전망하고 1992년에 실시된 수도권 무선호출사업(삐삐사업)에 출사표를 던졌다. 심사 과정에서 동원산업 컨소시엄이 선정될 가능성이 높았다. 그러나 최종 심사에서 낙마한다.

"막판에 무슨 이유인지 채점 결과가 2등에서 3등으로 뒤바뀌었어요. 그런 것 하려면 부탁도 좀 해야 하는데, 그걸 내가 잘하지 못한 결과이지요."

사업 진입 타이밍의 중요성

당시 통신서비스업 진출은 재계의 판도를 바꿔놓을 수 있는 '황금알을 낳는 거위'로 여겨졌다. 판단은 옳았지만 상황은 기대한 대로 돌아가지 않았다.

그럼에도 김재철은 1996년 제2차 수도권 무선호출사업자 선정에서 사업권을 따는 데 성공한다. 그러나 2차 수도권 사업에 뛰어든 것은 현명한 행동이 아니었다. 예상보다 빨리 무선통신 시장의 중심이 핸드폰 시장으로 이동하고 있었기 때문이다.

김재철은 아쉬움을 남기고 자본금 200억 원까지 증자한 회사에서 손을 털고 나올 수밖에 없었다.

전략적 후퇴에서 배운다

"사업은 기대한 대로 잘 안 될 수도 있습니다. 그때는 사업에서 손을 떼는 것도 중요합니다."

매몰비용이 큰 경우에 행동하기는 쉽지 않다. 투자액이 많으면 많을수록 더 힘들어진다. 이런 점에서 김재철은 단호하다. 그가 전략적으로 퇴각한 사업은 제주도의 광어 양식업과 오징어 가공업, 만화영화 제작업, MIT사업, 외식업, 택배사업 등 한두 가지가 아니다.

광어 양식업

광어 양식업은 김재철에 의해 제주도에서 처음 시작됐다. 큰 성과를 거두지 못하고 퇴각했지만 제주도에 광어양식이라는 좋은 사업을 남겼다.

김재철이 육상에서 대규모 양식을 하기 전까지만 해도 '기르는 어업'은 대개 바다에서 물고기를 키우는 가두리 양식을 가리켰다. 김재철의 제주 양식장 건립에는 제주도의 부탁도 큰 동기가 되었다.

남제주군 해변가에 어류 양성동과 종묘 배양장 등 3차에 걸쳐 80억 원을 투자하여 연 200톤의 양식 능력을 갖춘다. 광어, 복어, 우럭, 능성어 등을 기르는 최초의 기업형 양식업이었다. 몇 년 동안 운영했음에도 양식장은 정상화되지 않았다. 김재철이 원인을 직접 규명한 결과, 놀랍게도 먹이에 그 원인이 있음을 밝혀낸다.

광어는 겁이 많고 온도와 산소에 민감한 어류이다. 냉장고에서 얼린 먹이를 주기 때문에 소화기병이 잦았다. 거기에다 광어의 성질을 고려하지 않고 인부들이 광어를 크기에 따라 분류하기 위해 이리저리 옮기는데, 이런 일이 고기에 상당한 스트레스를 주고 있었다. 뿐만 아니라 배수 파이프에 물이 잘 흐르지 않는 부분도 찾아냈다.

이렇게 현장을 방문해 문제의 근원을 직접 파헤치면서 그는 경영상의 문제들을 발견하게 된다.

첫째, 양식과, 공무과, 관리과 간에 전혀 협조가 이루어지지 않고 있었다.

둘째, 학위 소지자라는 전문가들은 대부분 사무실 근무를 고집하고, 현장에서 일하는 사람들은 인부들이었다. 그는 양식장 문제가 제주만의 문제가 아니라는 판단 아래 회사 전체를 조사한다.

이때 부근에 100여 개의 양식장이 생겼다. 그런데 사업이 어느 정도 자리를 잡을 즈음, "대기업이 고기까지 키워서 되는가?"라는 비판이 일었다. 이 말을 듣게 된 김재철은 이 사업에서 손을 뗀다.

이제 '제주 광어'는 하나의 상품명으로 자리 잡았다. 김재철이 제주도에 남긴 사업이다. 2013년 현재 제주도에 는 351개소의 양식장이 있고, 생산금액은 연 2,600여 억 원으로 국내 광어 생산량의 62%를 차지하게 되었다.

외식사업: 동가(東家)

1991년 동원이 국내용 참치를 판매하기 시작할 때, 그는 참치회에 대해 긍정적인 생각을 갖고 있었다. 이후 전국 주요 도시에 참치횟집이 우후죽순처럼 등장하는데 동원산업은 외식사업의 선발주자였다. 그럼에도 김재철의 프랜차이즈 사업의 성과는 좋지 않았다. 이후 동원F&B 는 샌드프레소를 인수해 현재 영업 중이다.

그 밖의 퇴각 사례들

사업을 하다보면 전혀 예상치 못한 사건들이 일어나게 된다. 김재철이 창업할 때 함께 사무실을 사용한 (주)동수의 사업이 어려워지면서 김재철은 구룡포 공장을 인수하고, 1985년 냉동 필레트를 생산하기 시작하면서 또 하나의 사업 아이디어를 실천한다. 그것은 오징어 조미가공품이었다.

오대감구이의 해프닝

조미오징어를 팔기 위해 브랜드로 '오대감구이'라는 이름을 붙여 처음부터 공세적인 마케팅을 펼쳤다. 지금 봐도 즐겁고 유쾌하다. 가마를 타고 가던 우스꽝스럽게 생긴 오 대감이 슬며시 '오대감구이'를 내미는 장면은 당시에 인기를 끌었다.

이 때 구룡포 공장은 연간 400만 피스까지 생산할 수 있는 시설을 갖추었다. 그런데 예기치 않은 곳에서 문제가 발생했다. 오씨 종친회에서 자기 조상을 오징어에 비유하는 것이 말이 되느냐며 항의가 빗발친 것이다. 한 곳도 아니고 오씨 성을 가진 사람들이 전국에서 들고 일어나면 어떻게 하겠느냐는 판단에서 사업을 접는다. 사업은 아무리 완벽하게 준비해도 항상 문제가 생길 수밖에 없음을 가르쳐준 또 하나의 사건이었다.

모두 반대한 MIT 사업

김재철은 전망이 있는 신기술에 대해서는 과감하게 투자하는 성향을 종종 보인다.

예를 들어, 한국전자통신연구원의 MIT연구팀이 "절연체(부도체)는 전기가 통하지 않는다"는 기존의 상식을 깨고, "절연체를 전기가 통하는 금속체로 바꿀 수 있는 새로운 물질"을 세계 최초로 개발했다. 이 기술에 동원은 착수금 20억 원에 기술이전 계약을 체결해 사업을 추진한다. 이 제품으로 연간 1조 원 이상의 시장이 형성되리라 예상했으나 실용화 과정에서 실패하고 만다.

필자는 물었다. "유관 기관이나 업체들도 손을 내젓는 상황에서 왜 투자를 결정했습니까?"

"새로운 성장원을 찾는데 수업료를 지불하지 않을 수 없지요. 지금도 계속해서 수업료를 지불하고 있습니다"라고 말했다.

그의 삶은 여전히 개척정신과 실험정신 그리고 청년정신으로 움직이고 있다. 그는 아직도 신기술이나 첨단산업에 꿈을 꾸는 '드리머'이다.

위기와 실패가 준 교훈

김재철이 실패로부터 배운 10가지 교훈을 요약해 본다.

① 사업은 언제든지 망할 수 있다. 잘 나간다고 해서 우쭐해서도 안 되고, 사업에 대한 집중력을 잃어서도 안 된다.

② 위기에 압도되지 말고 위기 후를 생각하며 견뎌야 한다. 폭풍우가 지나가고 나면 반드시 큰 어장이 열리기 때문이다.

③ 위기 때의 구원투수는 신용이다. 자본주의 사회는 신용이 돈이다.

④ 사업의 본질을 정확히 파악하지 못하면 실패한다.

⑤ 최악의 상황이 발생하면 얼마를 잃게 되는가? 다른 계열사들에 끼치는 피해는 얼마인가? 이런 질문에 대해 수치로 확인하고 또 확인해야 한다.

⑥ 과욕이 눈을 가리지 않도록 해야 한다. 위험을 관리할 수 있는 범위 안에서 신규 사업을 시작해야 한다.

⑦ 새로운 사업의 승패는 사람이 있는가에 달려 있다.

⑧ 경영자는 소수 의견에 귀를 기울일 줄 알아야 한다. 신규 사업의 결정은 더더욱 그렇다. 그는 성공한 사람들

의 독단적인 의사결정을 경계한다. 크게 성공한 사람은 크게 망할 수 있기 때문이다.

⑨ 잘못된 의사결정을 고집하는 것은 실패의 지름길이다. 아니라는 생각이 들면 본전에 연연해하지 않고 빠져 나오는 것도 지혜다.

⑩ 도전은 일정한 한도를 정해두고 해야 한다. 어느 정도의 손실이 나면 과감하게 접는다는 약속이 있어야 한다.

제4부

김재철의 경영원칙과 방법들

story 1

경영의 원칙과 태도

철학이 있는 경영자

사람도 사업도 철학이 있어야 한다. 요령이나 행운으로 일시적으로는 돈을 벌 수 있지만 영속적인 기업이 되려면 철학이 필요하다.

신의와 성실로 산다

가난한 시골에서 자란 김재철은 대가족의 맏아들로서 "자신과 가족을 책임져야 한다"는 강한 마음을 갖고 있었다. 훗날 책임의 범위가 회사, 사회, 국가로 확대된다. 그는 책임을 위해서라면 무엇이든 희생할 수 있다고 생각하는 사람이다.

그는 청년기부터 치열한 프로 세계에서 살았다.

성실한 기업 활동으로 사회정의 실현(창사 때의 사시)

그에게 기업은 이익을 남기고 고용을 창출하며 납세 의무를 다하는 것이다.

그는 평소 "기업경영은 인류와 국가에 공헌하는 일이기에 적자를 내는 기업은 죄악을 범하는 행위라 생각합니다. 저의 경영 철학은 '정도경영'입니다"라고 말한다.

창립 24주년이 되던 1993년 7월 '동원 가치체계 선포 및 경영혁신 전진대회'를 개최하면서 동원의 기업 비전을 '새로운 가치를 창조하는 사회 필요기업'이라 선언했다.

전진하게 만드는 기업경영 정신

그의 인생과 기업경영에는 4가지 정신이 뒷받침하고 있다. 열성, 개척정신, 자기계발, 정도경영이다.

열성의 중요성

일단 맡은 일이라면 열과 성을 다해 최고의 성과를 만들어내기 위해 최선을 다하는 자세를 말한다.

그는 자신의 사업뿐 아니라 무역협회 같은 단체를 맡았을 때도 건성으로 넘어가는 법이 없었다.

유능한 사람이란 성과를 많이 올리는 사람이다.

성과 = 능력 × 노력 × 생각, 즉 능력이 아무리 많아도 노력하지 않으면 의미가 없다. 또 능력과 노력이 옳은 방향으로 쓰여야 한다. 이 공식은 플러스가 아니라 곱하기란 것도 유의할 필요가 있다. 이 가운데 하나만 마이너스여도 답은 마이너스이다.

개척정신의 중요성

그는 '프런티어 정신'이란, 없는 길은 만들어서라도 새로운 지평을 열겠다는 마음가짐을 뜻한다면서 다음과 같이 강조한다.

"길이 없으면 만들어서 간다는 생각으로 지금까지 살아왔습니다. 나는 1975년에 회사의 전 재산보다 많은 투자로 동산호를 건조했습니다. 2차 오일쇼크 때도 다시 한 번 모험을 하는 심정으로 어선에 헬리콥터를 탑재한 참치 선망선 코스타 데 마필 호를 도입했습니다.

이때 투자했던 배들은 동원산업이 세계 제일의 수산회사가 되는 데 크게 기여했습니다. 그때 그런 결정을 할 수 있었던 것은, 실패하면 선장으로 배를 다시 타면 최소한 가족은 먹여 살릴 수 있다는 자신감이 있었기 때문입니다. 그래서 지금도 동원정신이 뭐냐고 물으면 서슴없이 열성과 도전이라고 말합니다."

자기계발의 중요성

그의 면학 과정을 보면, 창업하던 1969년에 고려대 최고경영자 과정을, 1978년에는 서울대 최고경영자 과정을, 이후 하바드 대학 최고경영자 과정에 참여해 새로운 트렌드와 경영기법을 배웠다. '배워야 한다'는 정신은 팔순을 넘긴 지금까지도 변함이 없다.

정도경영의 중요성

정도경영은 합법적으로 경영을 할 뿐 아니라 윤리적으로도 비난받지 않는 경영을 뜻한다. 그는 자신이 할 수 있는 분야와 해서는 안 될 분야를 명확히 구분한다.

한 예로 김재철은 어느 정치인의 실언으로 세상의 주목을 받은 적이 있다. 즉 민주당 K의원이 제기한 50억 원 노무현 후보 제공설이다.

이때 그는 주위의 만류에도 국회 청문회에 나가 시시비비를 따지고 현직 의원을 상대로 소송을 제기했다. 이후 사법부가 사실이 아님을 밝히자 당사자가 공식 사과함으로써 고소를 취하했다. 이 사례는 김재철이 평생 지켜온 정도경영이란 측면에서 오늘의 경영자들에게 시사하는 바가 크다.

story 2

경영의 방법과 도구들

성과를 이끄는 실천방법

원칙을 지켜라

김재철에게 양보할 수 없는 원칙은 "정직하게 한다.", "약속을 지킨다." 이 두 가지다.

사업 초기에 이런 일화가 있다. 당시 그가 어선을 일본 종합상사로부터 빌린 조건은 1년 거치 3년 분할상환이었다. 금리가 높은 시절이라 여러 이유로 한두 달 늦게 상환해도 제법 큰 돈을 벌 수 있었다.

그러나 김재철은 관행이 어떠하든 단 한 번도 돈을 늦게 송금한 적이 없었다. 이런 일들이 쌓이면서 신용이란 자산이 만들어져 후일 신용으로 큰 돈을 벌 수 있었다.

작은 것도 소중하게

무역협회 회장으로 재임할 때도 그는 직원들에게 업무 처리 원칙을 철저히 숙지하고 지키도록 했다. 이 역시 육지 같으면 그냥 넘길 수 있는 실수가 바다에서는 치명적일 수 있다는 사실에 근거한다.

새로운 것에 도전하라

그는 쉼 없이 도전하고 이를 기업의 DNA로 삼으려 했다. 이는 "삶이든 사업이든 본질은 변화다"라는 철학 때문이다. 그에게 변화는 선택이 아니라 필수였다.

김재철의 기업경영 원칙

큰 전략 레벨의 산도 보고, 전술 레벨의 숲도 보고, 실행 레벨의 나무도 봐야 성과를 낼 수 있다. 김재철의 현장 사람들이 지켜야 할 20가지 준수 사항을 정리한다.

1) 숫자에 정통해야 한다

숫자는 경영 실상과 현장을 파악하는 지름길이자 관심을 나타내는 바로미터다. 따라서 "숫자와 타협하지 않아야 한다"고 당부한다. 숫자는 감정이나 거짓이 배제된 정직함 그 자체이기 때문이다.

2) 재무제표에 능해야 한다

그는 기업의 현주소를 알려주는 것으로 재무제표만큼 정확한 것이 없다고 본다.

3) 규칙적으로 점검하라

그는 경영의 승패는 사람에 의해 결정된다고 믿고, "믿을 수 있으면 맡겨야 한다"고 말한다. 동시에 견제 시스템의 중요성을 강조한다. 견제 시스템은 회사를 위한 길이기도 하고 일을 맡은 사람을 위한 길이기도 하다.

4) 방향을 제시할 수 있어야 한다

고기를 잡는 것은 선장의 몫이다. 선원들을 고기가 있는 곳으로 데려가려면, 선장이 더 많이 노력하고 희생해야 한다.

5) 역경 앞에 주눅들 필요 없다

뛰어난 선장은 황파(荒波) 속에서 실력을 발휘한다. 좋은 배만 지휘한 선장은 어선의 성능이나 특성을 알 수가 없다. 낡은 배를 몰아본 선장은 어떤 배라도 몰 수 있는 자신감을 얻게 된다.

그는 기계는 쓸수록 닳지만 사람은 업그레이드 된다는 사실에 주목한다. 결국 어떻게 생각하느냐, 어떻게 받아들이는가가 중요하다.

6) 고난 뒤에는 반드시 기회가 온다

그는 어려울 때 직원들에게 다음과 같이 당부했다. 세상을 긍정적으로 보고 어려움 후에 오는 큰 기회를 잡기 위해 준비해야 한다.

7) 현장에 답이 있다

작은 문제든 큰 문제든 답은 현장에 있다. 많은 원양업체의 부침 속에서 김재철이 생존할 수 있었던 것은 현장에 정통한 경영자였기 때문이다.

8) 언제든지 넘어질 수 있음을 기억하라

김재철은 사업이란 언제든 무너질 수 있다는 사실을 잊은 적이 없다. 그런 긴장감은 말과 행동을 통해 임직원들에게 계속 전해지고 있다.

9) 공사를 엄격하게 구분해야 한다

그는 공사 구분이 엄격하다. 회사 일에 관여했던 친인척이라도 자리에 부합하는 가치를 창출하지 못하면 자리를 떠나야 했다. 성과로 자신의 능력을 입증해 보인 사람만 이 자리를 지킬 수 있었다.

10) 무엇이든 아껴야 한다

근검절약도 천성이다. "부족함이 인간을 키운다. 어린 시절부터 돈을 아껴 쓰도록 해야 한다. 쓰는 것부터 배우면 망한다"고 강조한다.

11) 실력이 있어야 산다

"열심히 공부하라!"그는 강연 참석과 읽고 쓰기 등을 통해 공부하는 기업문화를 만들었다. 그는 현장을 잘 알면서도 "내가 제일이다"라는 생각을 하지 않는다. 자신이 알고 있는 지식이나 경험을 업그레이드하는 것이 생활화 되어 있다.

12) 경영은 무대 연출과 배우의 연기에 좌우된다

"직원들에게 신명나는 판을 깔아 줘라!" 회사를 무대로, 구성원을 연극배우로, 고객을 관객으로 비유한다. 일명 김재철의 '무대경영론'이다. 무대경영론은 궁극적으로 고객을 최우선하는 경영철학이다. 임원들은 언제나 솔선수범하는 김재철을 기억한다.

13) 자신의 분야에서 최고의 인재가 되어야 한다

모든 것을 잘하기는 어렵지만 선택과 집중을 하면 자기 분야에서 실력자가 될 수 있다. 그의 인재철학은 일명 '범재경영론'이다. 한 명의 천재보다 빠른 시간 내에 목표를 달성하기 위해 협조하고 조화를 이루어 성과를 내는 범재(凡材)가 필요하다.

14) 리더십은 자기관리로부터 시작된다.

따르는 사람은 이끄는 사람의 입이 아닌 행동을 본다. 리더는 희생하고 헌신할 수 있어야 하며, 허점이 없어야 한다. 능력으로 성과를 만들어내야 부하들이 따른다.

15) 기회가 왔을 때 밀어붙여야 한다

"어제는 어제이고 오늘은 오늘일 뿐이다." 오늘 고기가 잘 잡힌다 해서 내일도 그러리라는 보장은 없다. 하나하나가 독립적인 사건일 뿐이다. 그는 매사에 신중하게 접근하지만 확신이 서면 전광석화처럼 달려간다. 집중력을 잃기 시작하는 데서부터 몰락의 씨앗이 뿌려진다.

16) 자신에게도 정직해야 한다

김재철은 배경으로 일어선 사람이 아니다. 그는 신용으로 일어선 사람이다. 그래서 직원들에게 "거짓말하지 마라. 윗사람은 몰라도 아랫사람은 안다"고 강조한다.

17) 어려움을 피하지 말고 맞서야 한다

"태풍을 만났을 때 파도를 피하거나 우회하면, 배가 태풍의 중심으로 말려든다." 힘이 들더라도 맞서야 할 때는 맞서야 한다.

18) 철저히 준비해야 한다

선상생활은 그에게 철저한 준비가 얼마나 중요한지를 가르쳐주었다. 사람은 내버려두면 나태해지기 쉽다. 아이를 키울 때도, 부하를 움직일 때도 마찬가지이다.

19) 반듯한 가치관이 필요하다

구성원들과 함께 가치를 공유한다는 것은 일을 왜 하는지, 왜 최선을 다하고 최고를 추구해야 하는지를 가르치는 것을 말한다.

20) 질책은 좋은 약이다

"칭찬은 고래도 춤추게 한다"는 말처럼 칭찬과 격려는 리더십의 필수요소다. 그러나 그는 대단히 '절제된 칭찬과 격려'를 보낸다. 또 질책이 필요할 때는 엄하게 한다.

김재철의 사장학

"회사는 사장의 그릇만큼 성장한다." 김재철은 리더의 능력과 열의에 따라 회사가 흥할 수도, 망할 수도 있다고 본다.

사장의 7가지 조건

① 사장은 자신이 이끌고 있는 조직이 어디쯤 있는가를 정확히 알아야 하고, 눈에 보이는 것만 주목해서는 안 된

다. 보이지 않는 것을 통찰해야 업의 본질을 찾아낼 수 있다.

② 사장은 관리나 조율에 능숙해야 한다. 김재철은 관리 대상을 '모집과 배분, 교육, 평가, 재배치(순환) 그리고 보상'으로 정의한다. 사장은 한정된 자원을 활용하여 성과를 만들어내야 하는 사람이다. 특히 사장은 현장과 기획을 알아야 한다.

③ 신상필벌이 명확해야 좋은 조직이 될 수 있다. 인사에서 사(私)가 개입되지 않으면 된다. 또 사람을 키우는 일도 CEO의 중요 미션이다.

④ 피하지 말고 맞설 줄 알아야 한다. 경영에서는 현안 과제들이 여러 모습으로 파도처럼 밀려온다. 문제를 해결해가는 과정을 즐기고 결과에 대해 책임을 질 수 있어야 한다.

⑤ 사장은 미래를 전망하고 현재를 판단하여야 한다. 사장이 회사를 어디로 끌고 가야 할지 확고한 방향과 목표가 서 있지 않으면 문제가 발생할 수밖에 없다. 그래서 공부해야 한다.

⑥ 직원들이 마음껏 활동할 수 있는 무대를 제공해야 한다. 직원들의 능력은 사장이 어떻게 하는가에 따라 달

라진다. 회사는 사장의 그릇보다 더 크지 못한다는 말은 진리다.

⑦ 사장은 결과에 대해 책임을 져야 한다.

제5부

사익을 넘어 공익을

story 1

인재 육성에 대한 꿈

"인재 육성, 고용 창출, 납세. 이 세 가지가 내 삶의 철학입니다. 해외로 다니면서 서러움을 많이 당하다보니, '나라가 잘되어야 내가 있고 우리가 있다'는 생각을 하게 되었습니다."

이 신념은 실습항해사 시절 외국인과 단 30분도 이야기할 수 없을 정도로 식견이 부족하다는 사실과, 고려원양 시절 파리와 로마가 준 문화적 충격으로 "그들이 훌륭한 유산을 남길 때, 우리는 무엇을 했는가?" 에 대한 한탄과 서글픔 때문이었다.

인재를 키우는 일

사업 초기에 시작한 육영사업

고향 사람 키우는 일을 시작한 해는 창사 8년째인 1977년부터다. 전남 강진군 관내 중·고생 가운데 가정 형편이 어려운 학생들을 위해 강진장학회를 만들고, 이후 전국 대학생들을 위해 동원육영재단을 설립했다.

내실 있는 동원육영재단의 활동

동원육영재단의 장학생 선발 광고 문안의 특이점은 논문인데, '나의 지향(志向)'과 '현대에 있어서의 젊은이' 이 두 주제 가운데 하나를 선택해 논문을 작성하는 일이다. 이는 "인재육성을 통해 나라를 일으켜야 한다"는 신념이 들어 있다. 2014년까지 총 2,929명의 대학생과 1,224명의 중·고생에게 장학금을 지급했다.

읽기와 쓰기가 생각하는 인재를 만든다

"책 속에 길이 있다"는 그의 신념은 확고하다. 1989년부터 재단 활동에 글짓기대회가 있다. 첫 2회는 '바다사랑 글짓기

대회'로, 다음 3회는 '지구사랑 글짓기 대회'로, 그리고 나머지 3회는 '가족사랑 글짓기대회'로 이어졌다. 이 프로그램이 마무리되던 2006년까지 총 8회에 걸쳐 73만 4,680명의 학생이 참가하고 5,924명의 학생 이 상을 받았다.

동원 책꾸러기 사업을 펼치다

"아이 때부터 독서 습관을 길러야 한다"는 취지에서 2007년부터 시작된 프로그램이 '동원 책꾸러기'사업(엄마와 함께 책 읽기 캠페인)이다. 이 사업은 매달 응모를 통해 2~6세의 자녀를 둔 가정에 연 12만 권의 책을 무료로 보내는 일로, 1만 명에게 매달 한 권씩 연간 12권의 책을 보내주고 있다. 2014년 말까지 모두 100만 권의 책이 보내졌다.

그는 "읽어야 생각할 수 있고 생각해야 잘 살 수 있다"는 신념을 가지고 이를 확장해 가고 있다.

젊은 날의 경험이 인생의 자산

동원 글로벌 익스플로러, 세계를 경험하라

재단을 통해 '동원 글로벌 익스플로러'라는 프로그램을 실험 중에 있다. 여기에는 외부 세계뿐 아니라 자기 자신에 대한 탐구의 뜻도 포함된다.

2012년에 시작된 이 프로그램은 젊은이들에게 "지도를 거꾸로 보라! 세계로 나아가라!"고 권한다. 대학생들에게 더 넓고 큰 세상을 배울 수 있는 기회를 제공하는 일종의 '꿈 지원 프로젝트'이다. 선정된 학생들은 14일 동안 인도, 인도네시아, 탄자니아, 아르헨티나, 브라질, 케냐, 미국, 유럽 등을 방문하고 프로젝트 수행결과를 보고 한다.

이 프로그램에는 매년 수백 개 팀이 예선과 본선을 통과하기 위해 치열한 경쟁을 벌이고 최종적으로 15개 팀이 선발된다. 3~4명이 한 팀으로 이루어진 젊은이들의 기발한 계획서를 읽다보면, "우리 젊은이들도 가능성이 있구나!"라고 생각하게 된다.

이때 젊은이들에게 다음 네 가지를 권한다.

① PASSION : 열정을 불태워 봅시다.

② CHALLENGE : 도전해 봅시다.

③ CREATIVE : 남달리 생각해 봅시다.

④ GLOBAL : 지구를 품어 봅시다.

김재철이 재단 활동도 기업 활동처럼 관심을 기울이기에

가능한 일이다. 그는 광야에 씨를 뿌린다는 마음으로 젊은 날의 꿈을 실현해 가고 있다.

story 2

사내 인재를 키우는 방법

철학이 있어야 산다

"사람의 능력에는 큰 차이가 있는 것 같지 않습니다. 누가 더 노력하느냐에 따라 우열이 결정되는 것 같고, 출신 성분이나 학력은 크게 영향이 있는 것 같지 않습니다. 몸과 마음이 하나 되어 행동하고 꾸준히 노력하는 사람이 이기게 되어 있습니다." 김재철의 말이다.

철학의 중요성

스스로 결심하지 않는 한, 그 노력은 무용지물이 된다. 따라서 그는 내부 구성원들의 직업관과 인생관을 반듯하게 세우기 위해 철학의 중요성을 강조한다.

동원 필로소피와 실천 지침

① 열정적 행동 : 열정적으로 행동한다

② 분명한 목적 : 적극적으로 도전하고 목적을 분명히 한다

③ 소통 : 서로 소통하며 협조한다

④ 계량화 : 성과를 계량화하고 손익을 스스로 점검한다

⑤ 실천 방법 : 일은 기쁜 마음으로 즐겁게 한다

⑥ 사회필요기업 : 국가와 사회에 보탬이 되도록 한다

김재철은 "철저하게 하라." "확실하게 하라." "끝까지 하라."를 백 번이고 천 번이고 강조하고 싶다고 했다.

인재 육성의 근간, 듣기·읽기·쓰기

40년을 진행해온 목요세미나

동원그룹의 '목요세미나'는 40년간 2,000회를 향해 달려가고 있다. 지금도 매월 4주 기준으로 저명인사 초청 세미나 1회, 임직원 연구주제 발표 1회, 현안과제에 대한 팀별 세미나 2회로 구성되어 실시되고 있다.

독서는 비즈니스의 기회를 얻고 창조 역량을 키운다

김재철은 '임직원의 능력 개발이 기업 성공의 관건이며, 개인 성공의 핵심'이라는 점을 신념처럼 여긴다. 2002년부터 실시된 '독서경영'은 읽은 내용을 직접 글로 쓰면서 자기 것으로 만드는 수준까지 발전하고 있다. 글쓰기는 조직적인 사고와 응용 능력을 길러주기 때문이다.

story 3

업계 발전을 위한 길

해양수산부 출범

김재철이 수산업계의 발전을 위해 행한 일들 가운데 으뜸은 수산인들의 숙원인 해양수산부를 출범시키는 데 주도적 역할을 한 일이다.

해양개발기본법 통과와 해양개발연구회 조직

'해양개발기본법 추진위원회'라는 연구 모임이 구성되는데, 첫 모임에서 김재철은 회장으로 추대되고, 1987년에 '해양개발기본법'을 국회에서 통과시키는 결실을 이룬다.

또 '해양개발연구회'를 조직해 여러 정부기관에 분산된 해양업무를 한곳에 모으는 작업을 체계적으로 전개한다. 이 모임에서 김재철은 재정적인 지원뿐 아니라 학술적인 연구에도 주도적인 역할을 했다.

김영삼 정부 때 해양수산부가 공식 출범하는 과정에서 박관용 의원(대통령비서실장과 국회의장 역임)의 역할이 컸다. 박 의원이 1988년 국회 문교공보위원회 야당 간사로 활동하던 시절, 부산수산대 총동창회장이던 김재철은 초면인 박 의원에게 모교가 종합대학교가 되어야 하는 이유를 논리적으로 설명한다.

그런 김재철을 본 박관용은 "이분은 보통 사업하는 사람들과 다르구나"라는 인상을 받았다고 한다. 김재철은 명분이 확실한 일에 대해서는 자신을 던지다시피 상대를 설득하고, 관철시키는 능력이 있었다. 이로써 부산수산대학의 종합대학교 승격이 실현되었다.

실력으로 평판을 얻어라

1993년 김영삼 정부는 행정개혁을 위해 행정쇄신위원회를 출범시킨다. 당시 대통령 비서실장이던 박관용은 규제 권한을 갖고 있는 공무원 위주로 위원회가 운영되어서는 안 된다는 생각을 갖고 세 명의 민간인을 위원회에 포함하도록 한다. 이 가운데 한 사람이 김재철이었다.

그 후로 박관용은 세상 돌아가는 모습을 정확히 파악하려면 김재철을 만나면 된다고 했다. 이 때 공직사회에서 김재철에 대해 높은 평가가 이루어졌고, 이는 김대중 정부의 출범과 함께 그가 한국무역협회 회장에 선임되는데 영향을 끼쳤을 것으로 추측된다.

story 4

나라와 공익을 위한 길

무역협회를 혁신하다

김재철은 새로운 일을 맡게 되면 꼭 이렇게 자문한다. "나의 소임이 무엇인가?" 거기에 대해 생각을 명확히 정리한 다음 자신의 철학과 방법에 따라 일을 추진했다.

그러나 공직 수행에는 대가가 따른다. 즉 대외적인 일을 맡다보면 자기 사업은 소홀하게 된다. 무역협회장직을 비롯해 장보고기념사업회와 여수해양박람회 유치활동에 대해서도 살펴본다.

김재철이 회장에 취임하던 1999년에는 한국무역협회가 격랑에 휩싸여 있었다. WTO(세계무역기구) 체제라는 무역환

경의 변화에 따라 대외무역법을 개정하면서 수출입 승인제도가 폐지되고 특계자금이 없어지자 협회는 재정 위기를 맞는다.

김재철은 협회의 재정 자립을 위해 무엇을 해야 하는지를 알고 있었다. 구본형의 「무역협회 사례를 본 경영혁신 리포트」에는 김재철의 개혁 사례를 생생하게 전해주고 있다.

개혁을 위한 원칙

김재철은 다음 5가지 원칙을 개혁의 기치로 내세웠다.

① 고객의 필요를 정확하게 읽는 조직이 되어야 한다.
② 수입원을 넓히고 불필요한 비용을 줄여야 한다.
③ 기업경영 원칙에 따라 운영해야 한다.
④ 1인당 생산성을 극대화하기 위해 노력해야 한다.
⑤ 모든 회계는 투명해야 한다.

그는 무역협회의 혁신에 하드웨어와 소프트웨어적인 수술을 병행했다.

① 원가 개념을 불어넣어 임직원들의 일하는 방법과 태도

에 변화를 꾀한다.

② 임직원들에게 경영의 기본 언어인 재무와 회계 실력을 갖추게 함으로써 경영 마인드를 도입하고 경비절감액과 고객만족도 등을 계량적으로 평가한다.

③ 개인의 역량 계발을 위해 '화요포럼'을 실시하고, 4년간 빠지지 않고 회장이 수강함으로써 무역협회의 문화로 정착시켰다.

그 결과 무역협회의 인력 감소율이 32.2%로 경제단체 가운데 최고 폭으로 이루어졌다. 이런 노력으로 무역협회는 재정기반이 튼튼해지고, 직원들도 504명에서 239명으로 줄어들며, 인력구조 면에서도 젊은 직원들이 채용되면서 석사 이상의 고학력자가 전체 직원 대비 43.5%를 차지하게 되었다. 김재철은 퇴임 인터뷰에서 말했다.

"이제 협회 직원들은 일을 위한 일이 아니라 성과 위주의 일을 하고 있습니다. 그 과정에서 많은 사람들을 내보낸 것이 마음에 걸립니다만, 저는 구조조정이란 말 대신 신진대사라는 표현을 쓰고 싶습니다. 사명감 없이 혁신은 불가능합니다."

그는 무역협회를 조화롭게 발전시켜 그 역할과 위상을 찾는데 기여하고, 2006년 7년간의 임기를 마쳤다.

해상왕 장보고를 알리다

장보고, 시대를 앞서 간 사업가

장보고에 대한 재조명사업은 해양수산부가 1999년 학계와 관련 업계 인사들로 '해상왕 장보고 재조명사업 추진 위원회'를 구성함으로써 시작되었다. 이때도 김재철은 위원장을 맡게 된다. 이후 재단법인 해상왕 장보고 기념사업회가 설립되고 김재철이 이사장에 취임하며 11년간 사업회를 이끈다.

"장보고는 당시 국제무역에 능동적으로 참여하고 이를 동남아 인도 항로와 연결해 동서 무역망을 하나로 묶는 데 성공했다. 이때 고려청자를 일본, 이슬람 등에 수출하는 등 무역의 고부가가치화를 추진했다. 그는 장보고의 업적을 통해 우리나라가 장보고 정신을 벤치마킹할 필요가 있다고 여겼다."

김재철은 연구를 체계적으로 진행하기 위해 '장보고연구회'를 발족시키고, 10년간 단행본 42종 63권과 판매용 17종 25권을 발간한다.

한번은 김대중 대통령이 "김 회장, 요즘 <왕건>이 인기를 끌고 있는데 '장보고'를 드라마로 만들면 어떻겠소?" 라고 제안했다.

그는 "당장 드라마를 만드는 것은 어렵습니다. 인기에 초점을 맞추다보면 역사적 사실이 훼손될 수 있습니다. 준비가 된 뒤에 하시는 것이 어떻겠습니까?"라고 대답했다.

그러자 대통령은 "그러면 그렇게 하시오"라고 했다.

면담을 마치고 나오는데 장관이 놀란 듯 "김 회장, 대통령 앞에서 '안 됩니다'라고 말하면 어떻게 합니까?"했다. 그러나 김재철은 상대방이 누구든 일의 선후를 따진 뒤 합리적인 결론을 내리는 습관이 몸에 배어 있었다. 이때 김재철은 허준을 소재로 한 드라마를 떠올렸다.

조사 끝에 소설가 최인호가 소설을 맡고, 2000년 7월부터 2년에 걸쳐 <중앙일보>에 『해신』이라는 제목으로 장보고의 일대기를 그린 소설을 연재한다. 2003년 1월에는 KBS가 특집으로 51부작 「해신」이라는 드라마를 방영한다.

지금 완도군에는 청해진 세트장과 신라방 세트장이 있고, 최근 영화 「명량」의 촬영장으로도 사용되었다.

장보고 기념사업회는 21세기 신해양 시대를 맞아 바다의 중요성을 국민에게 알리고, 장보고의 해양 경영을 미래 지향적으로 재조명함으로써 우리의 자랑스러운 해양 문화를 범국민적인 정신문화로 계승, 발전시켜 왔다.

여수세계박람회 유치에 힘을 더하다

노무현 대통령은 박람회 유치를 위해 적극적이었으나 2002년 모나코에서 열린 세계박람회 총회에서 중국 상하이에 패하고 말았다. 4년 뒤인 2006년 다시 유치전에 뛰어들었으나 만만치 않았다.

바다를 잘 아는 김재철이 적임자다

유치위원장 자리를 제안받았을 때 그는 무역협회장을 그만둔 시점이었다. 수차례 요청이 왔지만, 그는 거절했다. 그때 대통령이 김재철 내외를 청와대로 초대했다.

그날따라 차가 밀려 약속 시간에 늦게 도착하고 말았다. 그런데 대통령 내외가 바깥에 나와 기다리고 있었던 것이 아닌가? 이 때문에 결정권은 대통령에게 넘어가고 유치위원장을 맡지 않을 수 없게 되었다.

유치위원회의 조직을 정비하다

유치위원회는 처음에는 오합지졸이었다. 김 위원장은 초기에 위원회의 기강을 세우고 조직에 열정을 불어넣는 데 전력했다. 즉, 위원장이 항상 회의에 참석함으로써 조직에 영(令)이 섰다. 위원장은 자신이 먼저 20억 원을 내놓는 것을 시작으로 100여억 원의 기금을 모았다.

그가 여러 번 고사했지만, 위원장을 맡기로 결심한 이유도 그가 평생 가졌던 신념, 즉 "우리 국민들에게 바다의 중요성을 인식시키는 데 도움이 될 것이다"라는 판단 때문이었다.

유치전을 승리로 이끌다

"일단 뛰어들면 이겨야 한다." 총회가 열리기 전까지 김재철은 정몽구 현대자동차 회장을 비롯 삼성, LG, SK, 한진 등의 최고경영자들로 구성된 유치위원들과 함께 회원국을 방문하는데, 유치위원들은 지구의 42바퀴를 돌 정도로 열심히 뛰었다. 그 결과 2012년 세계엑스포 개최지로 여수가 결정되었다. 당시 김재철은 무엇을 해야 승리할 수 있는지를 알고 있었다.

재외공관이 능력을 최대한 발휘할 수 있게 하고 후방 지원부대에 해당하는 유치위원회를 잘 이끌 수 있는 인물을 배치한 일이 성공의 요인이었다. 이러한 공로로 김재철은 민간인이 받을 수 있는 최고 영예인 국민훈장 무궁화장을 받는다.

지도를 거꾸로 보면 한반도가 새롭다

2000년 『지도를 거꾸로 보면 한국의 미래가 보인다』라는 책에서 김재철은 다음과 같이 강조한다.

"지도를 거꾸로 놓고 세상을 볼 것을 제안한다. 지구는 둥글다. 둥근 지도는 위아래가 있는 게 아님에도 우리는 그동안 아무런 의심 없이 이를 기준으로 삼아왔다. 지도를 거꾸로 보자는 것은 발상을 바꾸자는 뜻이다.

그동안 우리가 보아온 지도 속의 한반도는 유라시아 대륙을 머리에 이고 힘겹게 매달려 있는 형상이다. 하지만 거꾸로 돌려놓으면 전혀 달라진다.

한반도는 더 이상 유라시아 대륙의 동쪽 끄트머리에 매 달린 작은 반도가 아니라, 유라시아 대륙을 딛고 서서 태평양의 드넓은 바다를 향해 힘차게 솟구쳐 있는 민족 번영의 터전이다. 한반도는 동북아시아의 전략적 관문에 해당하는 요충지이다."

제6부

김재철의 경제사적·경영사적 의의

story 1

경제사적 의의

김재철의 활동이 구체적으로 국가경제에 어떤 기여를 하였고, 그 의미가 무엇인지를 살펴본다.

1) 수출입국의 주역

1970년대 수출입국의 주역으로 활동하다.

2) 기업가 정신의 표본

시대의 흐름을 읽고 원양어업 발전의 주춧돌이 되다.

3) 적자를 남기지 않는 기업인상의 정립

경영자로서 국가에 어떤 부담도 안기지 않았다.

4) 해양수산부 출범의 견인차

해양수산부 출범에 결정적인 기여를 하다.

5) 1세대 벤처기업가의 대표주자

넓은 의미의 1세대 벤처기업인이다.

6) 프런티어 정신의 소유자

신어장, 신어법, 신기술 도입의 선두주자로 활동하다.

7) 새로운 단백질 공급원의 제공자

수산물을 국민의 단백질 공급원으로 제공하다.

8) 해양 개척의 중요성을 널리 알린 계몽자

바다에 관한 중요성을 환기시키다.

9) 새로운 납세자상 정립

증여세를 정직하게 납부함으로써 사회에 모범이 되다.

10) 공공단체 혁신 모범 사례 제시

비영리단체의 혁신에 모범을 보여주다.

story 2

경영사적 의의

1) 1960년대에 창업하여 생존한 유일한 원양업체이다.

2) 원양어업에서 종합식품업체의 선두주자가 되다.

3) 원양업을 토대로 새 성장축인 금융업을 일으키다.

4) 참치 선망업의 선구자로 원양어업의 미래를 열다.

5) 지주회사 제도의 도입으로 기업지배구조와 정도경영의 모범 사례를 제시하다.

6) 스타키스트의 인수로 글로벌 시장진출에 성공하다.

7) 선장 출신으로 대기업을 세우다.

8) 프런티어 정신으로 수산업의 발전에 기여하다.

9) 최악의 상황에 맞서 싸워 이긴 승리자이다.

10) 인재 육성의 모델을 제시하다.

11) 정도경영의 모범사례를 제시하다.

Epilogue

힘들더라도 이겨내야 하는 것이 삶

김재철 회장의 인생은 "참으로 잘살아 낸 인생이었다", "그의 인생에는 감동이 있고, 교훈이 있다."

어려운 시대에 태어나 산다는 것은 어떤 의미일까? 책임감을 밀쳐놓고서 그의 인생을 이야기할 수가 없다.

평소에 나는 "왜 우리는 활동은 있지만 기록은 없는가?"라는 생각을 자주 해왔다. 특히 기업인들은 자신을 위해서나 후대인들을 위해 살아온 흔적을 정리해야 할 필요가 있다. 이런 필요성에 공감해 왔기에 이번 작업을 맡게 되었다.

나는 이 책이 김재철 회장의 인생과 사업을 이해하는데만 그치지 않고 앞 세대들이 이 나라를 어떻게 세웠는지를 후세들이 잊지 않고 평가하기를 소망한다.

마지막으로 이 책에서 제시하는 사례들이 이 시대를 살아가는 사람들에게도 교훈과 지혜가 되기를 기대한다. 삶의 짐이 무겁다고 내려놓을 수는 없다.

짐이 무거우면 무거운 대로 마음을 다해 최선을 다해 살아야 한다. 아무것도 갖지 않은 상태에서 출발한 한 사람의 인생 역정에서 그가 성취한 것보다 성취해 가는 과정에 더 큰 의미를 부여하고 싶다.

행복한 글쓰기 여행이었고, 한 인간으로서 값진 배움의 기회였다.

저자 공병호

CAPTAIN KIM

김재철 평전

초판 1쇄 발행 2019년 7월 31일
초판 2쇄 발행 2023년 4월 5일

지은이 공병호
발행인 고윤성
기획 신선호, 박경민
편집장 장혜정
도서편집 노재은, 변다은
디자인 정정은, 최선아, 김대욱
인사행정 이근영
재무회계 김문규, 정예찬
전자책 · 사전 변다은
발행처 한국외국어대학교 지식출판콘텐츠원
02450 서울특별시 동대문구 이문로 107
전화 02)2173-2493~7
팩스 02)2173-3363
홈페이지 http://press.hufs.ac.kr
전자우편 press@hufs.ac.kr
출판등록 제6-6호(1969. 4. 30)
디자인 · 편집 (주)이환디앤비 02)2254-4301
인쇄 · 제본 (주)케이랩 053)583-6885
축약판 원본 『김재철 평전』 (공병호 저, 21세기 북스 간행, 813쪽)

ISBN 979-11-5901-591-5 04800 정가 9,000원
979-11-5901-590-8 (세트)

*잘못된 책은 교환하여 드립니다.

HUiNE은 한국외국어대학교 지식출판콘텐츠원의 어학도서, 사회과학도서, 지역학 도서 Sub Brand이다. 한국외대의 영문명인 HUFS, 현명한 국제전문가 양성(International +Intelligent)의 의미를 담고 있으며, 휴인(携引)의 뜻인 '이끌다, 끌고 나가다'라는 의미처럼 출판계를 이끄는 리더로서, 혁신의 이미지를 담고 있다.